Adolf Schmidt

Elsass und Lothringen

Nachweis wie diese Provinzen dem deutschen Reiche verloren gingen

Adolf Schmidt

Elsass und Lothringen
Nachweis wie diese Provinzen dem deutschen Reiche verloren gingen

ISBN/EAN: 9783743657496

Hergestellt in Europa, USA, Kanada, Australien, Japan

Cover: Foto ©ninafisch / pixelio.de

Weitere Bücher finden Sie auf **www.hansebooks.com**

Elsaß und Lothringen.

Nachweis

wie diese Provinzen dem deutschen Reiche

verloren gingen.

Von

Adolf Schmidt,

Zweite verbesserte Auflage.

Leipzig,

Verlag von Veit & Comp.

1870.

Vorwort zur zweiten Ausgabe.

Die nachfolgende Schrift erschien zum erstenmal im Jahre 1859.

Der politisch denkende Theil des deutschen Volkes hat den Verlust von Elsaß und Lothringen zu keiner Zeit verschmerzt oder gar vergessen. Für die früheren Jahrhunderte legt schon der Inhalt unserer Schrift ein Zeugniß dafür ab. Und auch in diesem Jahrhundert hat jeder geeignete Anlaß, und zumal jede französische Bedrohung der uns noch verbliebenen linksrheinischen Provinzen, die Erinnerung an die früheren Beraubungen und das Verlangen nach der Wiedererwerbung des Geraubten in Deutschland wach gerufen. So geschah es zur Zeit der Freiheitskriege 1814 und 1815, wo dies gerechte Verlangen nicht nur durch den Einspruch Englands und Rußlands, sondern mehr noch durch den plötzlichen Abfall Oesterreichs von Preußen und den deutschen Interessen vereitelt wurde. So geschah es ferner zur Zeit des Thiers'schen Waffenlärmes, 1840, als die ägyptische Throncandidatur, gleichwie 1733 die polnische, und in unseren Tagen die spanische, den Vorwand abgeben sollte für unsere Beraubung am Rhein. So geschah es auch im Jahre 1859, als Frankreich Oesterreich bekriegte, Savoyen und Nizza verschlang, und Deutschland durch die „Karte auf das Jahr 1860" mit neuem Länderraub bedrohte. So geschieht es endlich heute, und begreiflicherweise lauter und allgemeiner denn je.

Vor der Logik der Vernunft und der Geschichte versteht es sich ganz von selbst, daß ein durch Frankreichs Gelüste auf die deutschen Rhein= provinzen heraufbeschworener Krieg nicht nur der deutschen Nation, dem deutschen Heere und der deutschen Diplomatie das Recht giebt, sondern sogar die unverbrüchliche Pflicht auferlegt, ihrerseits Elsaß und Lothrin= gen als Gegeneinsatz zu betrachten, und im Siegesfalle als ein Mini= mum von Sicherheits= und Friedensbürgschaften zurückzufordern.

8. September 1870.

A. S.

Einleitung der ersten Ausgabe vom Jahre 1859.*)

Was wir wollen? Nichts mehr und nichts weniger, als an die Gefahren und die Folgen deutscher Zerrissenheit erinnern.

Denn fern sei es von uns, der deutschen Nation etwa dieselbe grundsätzliche Politik gegen Frankreich zu empfehlen, die Frankreichs Beherrscher seit Jahrhunderten gegen Deutschland geübt.

Deutschland ist friedfertig; es schätzt nichts höher als einen ehrenhaften und dauernden Frieden! Es liegt ihm nicht an einem Hader über Sein und Haben; es verdammt die Kämpfe des Ehrgeizes und der Selbstsucht, deren Wirkungen sich ebenso leicht wie ihre Anlässe da und dort zu Illusionen gestalten können.

Deutschland ist kosmopolitisch; es sympathisirt mit allen Nationen, und leider vielleicht eben deshalb am wenigsten mit sich selbst. Es haßt daher auch weder Frankreich noch das französische Volk; es beneidet ihm nicht, was es ist und hat; es gönnt ihm alles Gute, was es nur immer seinen besten Freunden wünschen mag: Freiheit, Wohlstand, Macht.

Alles freilich hat seine Schranke. Ginge der Napoleonismus in Wirklichkeit darauf aus, Deutschland in den Rheinlanden zu berauben; trachtete er aus Ehrgeiz oder Selbstsucht ernstlich darnach, an die Stelle der vertragsmäßigen Grenzen zwischen Deutschland und Frankreich sogenannte „natürliche", d. h. willkürliche zu setzen: dann allerdings würde man sich nicht wundern dürfen, wenn die deutschen Völker auch ihrerseits ernstlich die Frage der „natürlichen Grenzen" zu studiren beginnen, oder wenn sie auf Grund ihrer historischen Studien mit bitterer Vorliebe dessen eingedenk bleiben: daß viele Jahrhunderte hindurch nicht sowohl Flüsse, sondern Gebirge die natürliche Scheidelinie bildeten, und

---

*) Wir geben diese Einleitung durchaus unverändert.

die Champagne das französische Grenzland war gegen das deutsche Reich; daß die lothringische Jungfrau von Orleans nach ihrem eigenen Ausdruck erst „nach Frankreich gehen" mußte, um Frankreich zu retten; daß nur durch die schnödesten Intriguen und Gewaltthaten die westlichen Provinzen Deutschlands, wie Lothringen und Elsaß, im Verlauf der neueren Zeit vom deutschen Reichs- und Sprachkörper abgebröckelt und geraubt wurden; und daß endlich noch heute die 641 Kilom. lange Eisenbahn von Basel über Straßburg, Nanzig (Nancy) und Tull (Toul) nach Paris zur größern Hälfte auf uraltem deutschen Boden, durch deutsches Sprachgebiet und, trotz aller französischen Verstümmelungen, fort und fort über deutschnamige Städte und Ortschaften läuft. Haben die vermessenen und herausfordernden Verfertiger der fictiven Karte auf das Jahr 1860 wohl je eine Karte des wirklichen Frankreichs auf das Jahr 1551 oder 1647 gesehen? oder eine Karte von 1680, von 1734, oder endlich auch nur von 1765? Wir bezweifeln es; sie würden, bei gründlicherem Studium der Frage, bescheidener oder schweigsam geblieben sein.

Wir wiederholen: es gelüstet Deutschland nicht, französische Vergrößerungspolitik zu treiben und — sei es aus Ehrgeiz oder Habsucht — die Verträge zu vernichten, die unsere schmerzlichsten Verluste völkerrechtlich besiegelten. Aber Angesichts der napoleonischen Friedensstörungen, die ganz Europa bedrohen, ziemt es sich doppelt für Deutschland — gleichwie im Jahre 1840 — sich der Beeinträchtigungen seiner Größe und seiner Integrität zu erinnern.

Die Geschichte jener Verluste, an denen alle Parteien in Deutschland, die Protestanten und die Katholiken, die Reichsfürsten und die Kaiser gleiche Schuld trugen, so daß keine berechtigt ist, sie der andern vorzugsweise zur Last zu legen, hat sich in vier Hauptacten vollzogen. Zuerst, im Jahre 1552, gingen uns die drei Bisthümer Metz, Tull und Verdun durch Betrug verloren; zweitens, im Jahre 1648, die Landgrafschaften des Elsasses durch diplomatischen Schacher; drittens, die freien Reichsstädte am Rhein und besonders Straßburg, 1681, durch Raub mitten im Frieden; und viertens, im Jahre 1735, das Herzogthum Lothringen durch einen Tausch (gegen Toscana), bei dem nur Oesterreich zugleich verlor und gewann, Frankreich aber nur gewann ohne etwas zu verlieren, und Deutschland umgekehrt nur verlor ohne etwas zu gewinnen.

Indem wir die Reihe jener Ereignisse dem Leser im Zusammenhange vorführen wollen, kommt es uns nicht auf neue Forschungen, sondern —

im Anschluß an die schon vorhandenen — lediglich auf eine kurze und übersichtliche Zusammenstellung meist nur vereinzelt geschilderter That= sachen an. Ihre Totalität ist gleichsam ein warnendes Denkmal französischer Politik, dessen Inschrift Deutschland gründlich belehrt: wie es durch Mangel an Einheit jederzeit zu kurz kam.

Wir wenden uns dem ersten jener Hauptacte zu, der das Funda= ment und die Quelle aller späteren Einbußen, oder gleichsam die Expo= sition zu den übrigen Acten des Drama's war.

I.

Der Verlust der Bisthümer Metz, Tull und Verdun (1552).*)

Viele Jahrhunderte hindurch bildeten die Höhenzüge des Argonner=
waldes und der Vogesen die Grenze zwischen Frankreich und Deutschland;
während zugleich im Nordosten die niederländischen, im Südosten die
savoyischen Gebiete, tief in das heutige Frankreich hineinragten. Ganz
Lothringen und Elsaß waren deutsch. An keinem einzigen Punkte berührte
Frankreich den Rhein.

Da sprach zuerst im Jahre 1444 ein Manifest des damaligen Dau=
phin, des nachherigen Königs Ludwig XI., die kecke Lüge aus: „das ganze
Land bis zum Rhein gehöre zu Frankreich.“ Diese Lüge wurde zur tra=
ditionellen Politik. Alle französischen Regierungen, ohne Unterschied,
haben ihr seitdem bis auf die Gegenwart gehuldigt. Mit jedem Jahr=
hundert wurde sie durch neue lügnerische Zuthaten mehr und mehr zu der
verhängnißvollen Theorie der „Rheingrenze“ oder der „natürlichen Grenze“
entwickelt.

Diese Theorie in ihrer vollen Ausbildung ging und geht dahin:
„Alles Land am linken Ufer des Rheins, von seiner Mündung bis
zu seiner Quelle, und von dort über den Kamm der Alpen und bis zu
den letzten Ausläufern der Meeralpen, da wo diese in die Apenninen
übergehen, sei keltisches Land, von französisch redenden Kelten be=
wohnt (denen nur hier und da im Laufe der Zeit eine fremde Sprache
aufgedrungen worden), und müsse daher mit dem keltischen Mutterlande,
d. h. mit Frankreich wieder vereinigt werden; nur dann erst besitze
dieses seine natürlichen Grenzen.“ Demnach „gehöre zu Frankreich“

---

*) S. die sehr ausführliche Monographie über dieses Thema von Scherer in
Raumer's hist. Taschenb. 1842. S. 249—409.

und müsse erobert werden: „das ganze Belgien, das Herzogthum Luxemburg, überhaupt alle niederländischen und alle deutschen Besitzungen auf dem linken Rheinufer; ferner die Schweiz, Savoyen und die Grafschaft Nizza."

Um für die Verwirklichung dieser Aufgaben womöglich das gesammte französische Volk zu gewinnen und zu begeistern, wurde kein Mittel gespart und namentlich, in eben dem Maße als die Bildung in Frankreich fortschritt, jene unheilvolle Theorie in den Schulen zu einem förmlichen Unterrichtsgegenstande gemacht. Freilich war, bei der langen Vernachlässigung des Schulwesens, dieses Verfahren, die „große Nation" mit der großen Lüge zu erfüllen und jeden Einzelnen ihr dienstbar zu machen, ein nur allmäliges; aber es schritt doch dergestalt vor, daß im 19. Jahrhundert die unverschämte Lehre unter allen Regierungen in allen Unterrichtsanstalten, in den niederen wie in den höheren, in den Töchter- wie in den Knabenschulen, mündlich und gedruckt vorgetragen ward und wird. *)

Inzwischen legte die französische Politik Hand ans Werk. Es galt, nach allen Richtungen Schritt vor Schritt gegen den Rhein und die Alpen vorzudringen. Deutschland gegenüber bestand der erste Schritt in dem Andrängen gegen die lothringischen Bisthümer. Die kirchlichen Spaltungen in Deutschland sollten die Handhabe zu ihrer Erwerbung bilden.

Man irrt aber sehr, wenn man wähnt, die Reformation an sich habe das Unheil der Spaltungen seit dem 16. Jahrhundert über die deutsche Nation gebracht; vielmehr oder in nächster Linie war es die Reaction des Ultramontanismus, die damals und später das beinahe schon völlig auf dem Boden der protestantischen Geistesfreiheit geeinigte oder dieser Einigung mächtig zustrebende Deutschland aus seinen natürlichen Entwicklungsbahnen herausdrängte und zur Ehre Gottes immer wieder in Fetzen riß.

Diese Reaction war es denn auch, die um die Mitte des 16. Jahrhunderts den deutschen Protestantismus in die Arme des „allerchristlichsten"

---

*) Nur beispielsweise verweisen wir auf das officielle Lehrbuch von Dussieux, Géographie hist. de la France, Paris 1843 (also aus der Zeit Ludwig Philipps), das gleich im §. 1 also anhebt: „Frankreich besitzt nicht seine natürlichen Grenzen, es umfaßt nicht die ganze französische Region. Die Regionen unterscheiden sich durch die Racen und durch die Sprachen. Die französische Region umfaßt in der That auch die Grafschaft Nizza, Savoyen, die Schweiz, Rheinbayern, Rheinpreußen, das Herzogthum Luxemburg und Belgien ... Die natürlichen Grenzen sind der Rhein, von seiner Mündung bis zu seiner Quelle; die Alpen, von der Rheinquelle über den St. Gotthard bis zum Col de Cabibone u. s. w."

Königs von Frankreich trieb; wodurch dieser den ersten erwünschten Vor=
wand gewann, um — unter der Firma der „Errettung“ und „Befreiung“
Deutschlands von der „Tyrannei“ des Kaisers — dem deutschen Reiche
die herrlichen Bisthümer Metz, Tull (Toul) und Virten (Ver=
dun) zu rauben.

Diese drei Bisthümer, obwohl im Herzogthum Lothringen gelegen,
nahmen doch eine bevorzugte Sonderstellung ein. Ihre Bischöfe waren
unmittelbare „Reichsfürsten“, erhielten vom Kaiser die Investitur und
gehörten zur Metropolitankirche von Trier. Die drei Städte waren
„freie deutsche Reichsstädte“, die allein die Oberhoheit des Kaisers, und in
Rechtssachen die Competenz der kaiserlichen Kammer zu Speier aner=
kannten. Tull hieß im Lande die „Heilige“, Virten die „Edle“, und Metz
die „Reiche“. Hier, in Metz, residirten die deutschen Kaiser gern und
häufig; hier tagte auch namentlich der deutsche Reichstag vom Jahre 1356,
auf dem das berühmte Reichsgrundgesetz Deutschlands, die goldene
Bulle, zu Stande kam. Die Bürgerschaft, deutsch in Sprache, Sitte und
Denkweise, hielt jederzeit treu zur deutschen Nation. Aber, bei der Zer=
rissenheit und der dadurch bedingten Ohnmacht Deutschlands, unterlag sie
schließlich, wie die der beiden deutschen Schwesterstädte, der Hinterlist
und Vergewaltigung Frankreichs.

Und wie kam es zu dem Raube dieser Territorien?

Kaiser Karl V., anfangs lau und lavirend zwischen den päpstlichen
und den protestantischen Forderungen, hatte sich endlich an die Spitze der
Reaction gestellt und im Schmalkaldischen Kriege dem deutschen Protestan=
tismus einen gefährlichen Schlag versetzt; die beiden fürstlichen Häupter
desselben hatte er, den einen durch Gewalt, den andern durch List, in Ge=
fangenschaft gebracht. Allein in dem neugeschaffenen Kurfürsten von
Sachsen, dem ehemaligen Herzog Moritz, fand er unerwartet einen eben=
bürtigen Gegner, der entschlossen war, Genugthuung zu fordern und min=
destens die Parität der beiden Religionsbekenntnisse zu erkämpfen.

Es war aber in der That nach unseren heutigen Begriffen von natio=
naler Moral die Art und Weise ein Verrath zu nennen, wie Moritz, um
die Chancen des Sieges zu verstärken, die dargebotene Hülfe der französi=
schen Politik in Anspruch nahm, — einer Politik, die nie sich ein Gewissen
daraus machte, im Auslande das zu unterstützen, was sie im Inlande
niederzutreten für gut fand. In Frankreich wurde die protestantische
Freiheit zu Tode gehetzt; aber Deutschland gegenüber nahm man aus
selbstsüchtiger Berechnung die Miene an, als ob man für diese Freiheit

schwärmerische Sympathien hege und zu den uneigennützigsten Opfern für sie bereit sei.

So kam denn am 5. October 1551 zwischen Heinrich II. von Frankreich und Moritz von Sachsen im Namen der protestantischen Häupter jene unglückselige Defensiv- und Offensiv-Allianz zu Stande, die der deutschen Nation nichts einbrachte als Schmach, und den freilich ungeahnten dauernden Verlust deutscher Reichslande. Denn natürlich ging die französische Diplomatie, in deren Köpfen die Idee der „natürlichen Grenzen" schon seit einem Jahrhundert zu keimen begonnen hatte, von vornherein darauf aus, die deutsche zu düpiren. Man mußte doch billigerweise gewisse „Unterpfänder" in Anspruch nehmen dürfen, oder sichernde „Waffenplätze" oder „Stützpunkte" für die strategischen Operationen, oder wie man es sonst nennen mochte! Es klang gar nicht so gefährlich, wenn sich der französische Alliirte ausbedung — natürlich temporär, nur „als Vicarius des heiligen Reichs" — Städte wie Metz, Tull und Verdun besetzen zu dürfen! Wurden doch ausdrücklich dieselben als „von Alters her zum deutschen Reich gehörig" im Tractate anerkannt, und ausdrücklich „dem Reiche alle Rechte darauf vorbehalten."

Nachdem man diese zweideutigen Stipulationen erschlichen, zögerte Frankreichs Beherrscher nicht, der Welt zu verkünden: Deutschlands Schmerzensschrei habe ihn erreicht und gerührt: er eile, es von der „Knechtschaft" zu erretten, ihm die lautere „Freiheit" zu bringen, es einiger und deutscher zu machen.

Von Fontainebleau aus erging ein Manifest an die deutsche Nation in deutscher Sprache. Schon das Titelblatt quoll von Verheißungen über; die Vignette stellte das Symbol der Befreiung, einen Hut zwischen zwei Dolchen dar; ein darunter flatterndes Band trug die Inschrift „Libertas"; und weiter unten bezeichnete sich der König von Frankreich in lateinischen Worten ohne Weiteres als „Retter der germanischen Freiheit" (vindex libertatis germanicae).

In dem Manifest sagte der König: „Allerlei schwere Klagen vieler Fürsten und anderer trefflicher Leute deutscher Nation seien vor ihn gekommen"; dieselben würden „mit unerträglicher Tyrannei und Knechtschaft vom Kaiser unterdrückt, in ewige Dienstbarkeit und Verderben geführt"; daraus könne „nichts Gewisseres folgen, als daß dem Kaiser und dem Hause Oesterreich, mit ewigem Verlust der deutschen Natio-

nalfreiheit, eine Alleinherrschaft aufgerichtet würde." Darüber
sei er nun um so mehr „höchst" betrübt, als „er mit den Deutschen gemein=
samen Ursprung habe, indem seine Vorfahren auch Deutsche gewesen."
Zwar sei „bisher keine solche Einmüthigkeit der Fürsten vorhanden ge=
wesen, aus welcher eine Vereinigung der deutschen Nation hätte
gehofft werden können"; jetzt aber sei die Zeit gekommen „zur Erret=
tung der deutschen Freiheit." Er, der König, habe „den deutschen
Fürsten und Ständen seine Hülfe nicht versagen wollen, sondern
mit ihnen aus göttlichem Eingeben einen Bund aufgerichtet und den
festen Entschluß gefaßt, alle seine Macht mit ihnen in Gemein=
schaft einzusetzen." Wohl hoffe er „wegen solcher großen Wohlthat
ewige Dankbarkeit, Verpflichtung und Gedächtniß zu erlangen"; aber „er
bezeuge vor Gott dem Allmächtigen, daß er aus diesem mühseligen und
schweren Vorhaben, trotz der großen Unkosten, Gefahren und Sorgen,
keinen andern Nutzen oder Gewinn suche und verhoffe, als daß er
die Freiheit der deutschen Nation zu fördern, die Fürsten aus der
erbärmlichen Dienstbarkeit zu befreien, und hierdurch einen unster b=
lichen Namen — wie vordem in Griechenland dem Flaminius zu Theil
geworden — zu erlangen gedenke." Emphatisch betheuerte der Beherrscher
Frankreichs: „Niemand solle irgend eine Gewalt befürchten, da er ja
diesen Krieg blos deßhalb unternommen, um einem Jeden seine ver=
lorenen Gerechtigkeiten, Ehren, Güter und Freiheiten wie=
der zu verschaffen."

Dieses hinterlistige und unverschämte Manifest ermangelte nicht, in
Deutschland vielfach einen peinlichen Eindruck hervorzurufen. Kaiser Karl
ließ sich auf eine „Widerlegung" ein. Melanchthon schrieb beklommen an
den Kurfürsten Moritz von Sachsen: „Die Erfahrung zeige, daß Frankreich
oftmals die deutschen Fürsten wider ihren ordentlichen Potentaten er=
regt, und sie hernach verlassen habe; er gedenke in seinem kurzen
Leben vieler Exempel, als: Pfalz, Würtemberg, Lübeck." Selbst die
sächsischen Stände warnten: „Auf Bündnisse mit fremden Potentaten
sei wenig Trost zu setzen, nachdem man erfahren, was für Glaube den
Ständen deutscher Nation gehalten worden"; würde am Ende auch
der Kaiser besiegt und „vertrieben": so „müßte man doch von den obsie=
genden Potentaten gewärtig sein, daß sie vielmehr allen Fleiß darauf
verwenden und alle ihre Macht dahin strecken würden, eine Alleinherr=
schaft aufzurichten und die deutsche Freiheit zu unterdrücken und das
Wort Gottes zu vertilgen, nachdem man wisse, daß die christliche

Religion durch den König von Frankreich mehr als durch den Kaiser verfolgt werde."

Allein es war zu spät! Der Krieg begann, d. h. der französische „Retter der deutschen Freiheit" fiel im März 1552 in das deutsche Herzogthum Lothringen ein und ließ sein „uneigennütziges Werk der Befreiung" alsbald in einer Kette schamloser „Gewaltthaten und Treulosigkeiten" zu Tage treten. Nur die „einstweilige" Occupation der drei Bisthümer war ihm zugestanden worden; allein Lothringen lag doch gar zu „bequem am Wege!" und war überdies so „unvermögend zum Widerstand!" und die Herzogin Regentin war ja eine Verwandte des Feindes!" Also — gedacht, gethan! Die Herzogin wurde ohne Weiteres für „abgesetzt" erklärt, ihr minorenner Sohn nach Paris entführt, das Land unter französische Administration gestellt, die deutschen Beamten durch französische ersetzt, und die Hauptstadt Nanzig mit einer starken französischen Garnison belegt. Die „Protestation" der Herzogin blieb natürlich unbeachtet; die erste „große Wohlthat" war vollbracht, Lothringen „befreit".

Inzwischen hatten auch schon zwei der Bisthümer, Verdun und Tull, der Uebermacht sich unterwerfen und französische Besatzungen aufnehmen müssen. Die Stadt Metz dagegen, vertrauend auf ihre Befestigungen, machte Miene, der 35,000 Mann starken französischen Armee entschlossenen Widerstand zu leisten. Aber durch einen Complex von Intriguen, Bestechungen und Betrügereien wußte die französische Politik, die vor den möglichen Folgen und Verlusten zurückscheute, diese Entschlossenheit allmälig zu unterminiren. Ein hoher Würdenträger der Kirche, ein Cardinal, der Bischof Robert von Metz selbst, der ohne Zweifel unter Frankreichs Fittigen die ultramontanen Interessen und seine eigenen besser geborgen glaubte als unter denen des deutschen Reiches, gab der deutschen Nation das ekle Schauspiel, daß er sein deutsches Bisthum um schnöden Lohn dem Erbfeinde seines Vaterlandes verrieth und verkaufte — ein Beispiel, das nachmals der Bischof von Straßburg, um das protestantische Münster und die protestantische Bevölkerung Straßburgs wieder katholisch zu machen, nachzuahmen kein Bedenken trug.

Bischof Robert, ein „unterwürfiger Knecht Frankreichs", gewann zwei angesehene Patricier in Metz, Robert und Caspar von Heu, für seine Pläne; und nun wurde eine verderbliche Spaltung in der Stadt heraufbeschworen, indem eine „kleine aber einflußreiche Partei" sich für Frankreich erklärte und alles daran setzte, um durch halbe Maßregeln und durch diplomatische Unterhandlungen den Widerstandsmuth der Bürgerschaft,

der großen Mehrheit, zu ſchwächen und zu brechen. Die franzöſiſchen
Agenten gaben vor: Frankreich begehre nichts weiter als freien „Durch=
zug durch die Stadt.“ Die Stadt erklärte ſich zunächſt nur bereit: dieſen
Durchzug „der Perſon des Königs mit einigen aus ſeinem Gefolge“
zu geſtatten. Allein der franzöſiſche Oberbefehlshaber, der Connetable von
Montmorency, beſtand darauf: „die Armee durch die Stadt zu führen“,
nicht um ſie daſelbſt „einzuquartieren“, ſondern nur in der Abſicht „ſie
auf einer Wieſe jenſeits der Stadt ein Lager beziehen zu laſſen.“ Die
Majorität der Bürgerſchaft widerſetzte ſich beharrlich dieſer Zumuthung
und forderte kräftigere Vertheidigungsanſtalten. Allein in geheimen Un=
terhandlungen geſtand die kleine verrätheriſche Partei dem Connetable
den Eintritt in die Stadt für ſeine Perſon zu, nachdem er gelobt: „nur
von einem Fähnlein der Garde und den Cavalieren ſeines Stabes ſich
begleiten zu laſſen.“ Auf dieſe Bedingung wurde endlich, wiewohl mit
Widerſtreben, von Seiten der Stadt eingegangen, die keine Ahnung hatte,
daß dergeſtalt ihre Jahrhunderte alte Freiheit ohne Schwertſtreich der
Fremdherrſchaft anheimfallen werde.

Denn ſiehe da! der eben geſchloſſene Vertrag wurde ſofort willkür=
lich abgeändert, d. h. gebrochen; das eine Fähnlein ſchwoll betrüglicher
Weiſe unterwegs zu fünfen an; und mit den 1500 Corcelets d’élite,
die nun ganz gewiß das Maximum ſein ſollten, brachen unverſehens im=
mer größere Bruchtheile und ſchließlich die Geſammtheit des ganzen
Heeres durch die ſorglos geöffneten Thore wie in eine eroberte Stadt
herein. Natürlich bewies der Connetable den ihn begleitenden ſtädtiſchen
Abgeordneten einen „erſchrecklichen Unwillen über ſolchen Zudrang“; er
that, als ob er ſich demſelben ernſtlich widerſetzen wolle; am Ende aber
meinte er: „Meine Herren, Sie können dieſe Leute recht wohl mit uns
eintreten laſſen; ich werde dafür ſorgen, daß ſie ſich augenblicklich
wieder entfernen.“ Natürlich ſorgte er für das Gegentheil; ſobald
man nur erſt drin war, dachte man nicht mehr an den „Durchzug“. Das
Heer wurde in der Stadt „einquartiert“; der Connetable ſetzte ſich zu
ihrem unumſchränkten Gebieter ein, und war vor Allem bedacht, vielmehr
den mißliebigen Theil des Magiſtrats zu „entfernen“, indem er ſich
todtkrank ſtellte, die feindſeligen Magiſtratsmitglieder als Teſtaments=
zeugen an ſein Bett lockte, dann auffprang und eigenhändig die Schöppen=
älteſten durchbohrte, während ſeine Garden eben ſo eifrig die Uebrigen
vom Erdboden entfernten.

Was nun noch am Leben blieb, ſammt den dictatoriſch ernannten

Ersatzmännern, war oder stellte sich willig ergeben. Als der König am 18. April in Metz einzog, verkündete ein Triumphbogen, der an die Stelle der beiden Kaisersäulen mit dem Reichsadler aufgerichtet worden, ihn als den „Protector" des heil. römischen Reiches; und auf die Bitte des Magistrates, die „Freiheiten und Privilegien der Stadt zu erhalten", erging die schnöde und zweideutige Antwort: „Ich werde euch wie die Meinigen behandeln." Damit war denn eine neue „große Wohlthat" vollbracht, die Stadt Metz nach der französischen Beglückungstheorie „befreit".

Einmal im erfolgreichen Raubzuge begriffen, gedachte Heinrich II. auch sogleich das Elsaß und das ganze linke Rheinufer mit der französischen Herrschaft zu beglücken. Durch Lothringen drang er im Mai bis Elsaßzabern vor, in der Absicht Straßburg ebenso wie Metz zu bethören und zu überrumpeln. Seine Gesandten und Agenten schilderten den Straßburgern mit beredter Zunge „die große Zuneigung, die der König gegen die deutsche Nation trüge", und wie er nur komme, „um die unterdrückte deutsche Freiheit zu retten." Der Connetable erklärte ihnen: „ihre Mitbürger müßten verblendet sein, wenn sie nicht zwischen den Wohlthaten des Königs und dem Unfug des Kaisers unterscheiden könnten." Der König selbst betheuerte ihnen wiederholt: nur „die Rettung der deutschen Freiheit" sei sein Ziel. Allein das Schicksal Lothringens und der Bisthümer hatte die Straßburger klüger gemacht; sie rüsteten sich zu ernstem Widerstande; und die Franzosen sahen sich endlich genöthigt, unverrichteter Dinge wieder abzuziehen, nachdem sie ihre Rosse im Rhein getränkt.

Gleichzeitig schlug auch der Versuch fehl, durch Separatverträge einen deutschen Rheinbund unter französischem Protectorat zu begründen. Die dazu aufgeforderten deutschen Fürsten — Ehre ihrem Andenken! — versammelten sich zu Worms, auf Betrieb des Kurfürsten von Mainz, um die schnöden Zumuthungen und die „gefährliche Einmischung Frankreichs" zurückzuweisen. Die Kurfürsten von Trier und Pfalz, die Herzoge von Jülich und Würtemberg erschienen persönlich; der Kurfürst von Köln und der Bischof von Würzburg sandten Bevollmächtigte. Auf die Anrede des Kurfürsten von Mainz, worin er hervorhob: Frankreich habe „offenbar keine andere Absicht, als jetzt im Trüben zu fischen", und auf Grund einmüthigen Beschlusses, ließen die Fürsten durch eine Gesandtschaft dem französischen Herrscher erklären: daß sie „gegen jeden widerrechtlichen Angriff" protestiren müßten; daß er „das Gebiet von Straß=

burg nicht länger beläſtigen", überhaupt „aufhören ſolle, Deutſchland zu
verwüſten;" und daß er ſie „mit dem vorgeſchlagenen Bündniß ver-
ſchonen möge, weil ihre Ehre und guter Name darauf beruhe, und weil
ſie auch nach der Treue, die ſie dem Reiche ſchuldig wären, auf daſſelbe
nicht eingehen könnten."

Selbſt Kurfürſt Moriß von Sachſen wandte ſich von dem gefährlichen
Bundesgenoſſen ab, der ſtatt auf Hülfeleiſtung, nur auf Raub ausging.
Er ſchloß am 2. Auguſt 1552 mit dem Kaiſer den Paſſauer Vertrag, der
dem Bürger= und Religionskriege in Deutſchland vorläufig ein Ende
machte.

Allein das Unheil war einmal geſchehen. Mitten in ſeinen „beſten
Eroberungsplänen" durch die Friedensnachrichten unangenehm überraſcht,
wußte ſich der „Retter der deutſchen Freiheit" meiſterhaft zu verſtellen:
er erklärte den Wormſer Geſandten: „Sein Endzweck ſei erreicht: durch
ſeine unermüdliche Anſtrengung und tapfere Hülfe ſei das bereits unterdrückte deutſche Reich wieder aufgerichtet worden. Jetzt gehe er mit ſeiner
Armee in ſein Reich zurück; die Fürſten hätten alſo zuvörderſt ſelbſt
darauf zu ſehen, daß die durch ihn wiedererlangte Freiheit nicht noch
einmal ſchändlich verloren gehe. Indeſſen würde er weder Mühe noch
Koſten, noch Gefahr ſcheuen, wenn man etwa künftig in Deutſchland
ſeine Hülfe wieder nöthig haben ſollte." Welche unerhörte Un-
eigennützigkeit! Wie wenig man jedoch ihr traute und trauen durfte, das
offenbarte ſchon die diplomatiſche Epiſode mit der Schweiz. Die Eidgenoſ-
ſen, erſchreckt durch den franzöſiſchen Schuß der deutſchen Freiheit,
erklärten in Zweibrücken dem Könige „für ihre eigene ſelbſt ſorgen zu
wollen", und erhielten die Antwort: er werde „gute Nachbarſchaft" halten, da er „jetzt Lothringen im Beſitz habe und ihr Nachbar ſei."
Dahin kam es nun zwar für diesmal noch nicht. Wie das Elſaß, ſo mußte
am Ende auch das eigentliche Herzogthum Lothringen aus ſtrategiſchen
Rückſichten geräumt werden. Aber auf dem Rückzuge wurde doch noch —
eine weitere „Wohlthat!" — das Herzogthum Luxemburg beiläufig „mit
Feuer und Schwert verwüſtet." Und an eine Wiederherausgabe der drei
Biſthümer Metz, Tull und Verdun war nicht zu denken; ſie wurden mit völliger Mißachtung des Octobervertrages ohne Weiteres dem
franzöſiſchen Staatskörper einverleibt.

So ging — es war das erſte und kleinſte, aber folgenſchwerſte Opfer
dieſer Art — dem deutſchen Reiche eine Strecke deutſchen Landes von
50 Quadratmeilen und eine zur größern Hälfte deutſche Bevölkerung

von 300,000 Seelen durch offenbaren Raub und Betrug verloren. Vergeblich war der Wiedereroberungsversuch Karls V.; vergeblich belagerte er Metz vom October 1552 bis zum Januar des folgenden Jahres; und trotz aller rhetorischen Proteste Deutschlands blieb die Raubthat, bei der Schwäche des Kaiserreiches, zunächst ein Jahrhundert hindurch als bloßes Factum unerschüttert bestehen, bis sie endlich, durch die Nachgiebigkeit desselben, 1648 im Westphälischen Frieden zum Aergerniß aller deutschen Patrioten die feierliche Sanction der Verträge erhielt.

Es würde uns zu weit führen, wollten wir die Zwischenspiele jener Zeit, die Geschichte der Unterhandlungen und Drohungen, der Proteste und Reclamationen — wie interessant und belehrend sie auch sei — dem Leser vor Augen führen. Die französische Diplomatie hörte nicht auf, die deutschen Fürsten zu versichern: „der Beherrscher Frankreichs sei ihr treuester Freund, ihm sollten sie unbedingt vertrauen"; nur auf die „Freiheit des deutschen Reiches" sei er bedacht; er suche dabei „keinen eigenen Nutzen", er denke nicht daran „Eroberungen in Deutschland zu machen." Er selbst that als sei er „der einzige Gerechte und Tugendhafte in dieser verderbten Zeit", als halte er sich für „einen Heiland" der deutschen Nation, als wäre ihm „seine eigene Krone weniger werth wie die Rettung seiner Bundesgenossen aus der kaiserlichen Knechtschaft." Zuweilen nahm er auch in officiellen Schriftstücken gegen die deutsche Nation einen wunderbar hochmüthigen und schulmeisterlichen Ton an; die „Anhänger des Kaisers" nannte er darin geradezu „verzweifelte Bösewichter", die „in ihrer Bosheit täglich Krieg spinnen", während er selbst „nichts heftiger begehre und wünsche, als erstlich Frieden und Eintracht zu erhalten, ferner der Welschen und der Deutschen Freiheit zu retten."

Doch dergleichen „Praktiken" vermochten die Thatsachen der Treulosigkeit und frecher Raubgier nicht zu verwischen. Konnte man doch über die Ziele der französischen Politik nicht im Zweifel sein! Durfte man sich doch erinnern, wie schon 1444 jenes Manifest des Dauphin ohne Scheu behauptet hatte: „die ganze Landschaft bis zum Rhein gehöre zu Frankreich." Mit Grund mahnte daher Kaiser Karl schon im Jahre 1552 die deutschen Fürsten: sie sollten nicht „das Reich den Franzosen mit Willen unter die Füße werfen." Mit Nachdruck erklärte er ihnen: Der „Plan" des französischen Cabinets sei kein anderer als „Deutschland in Knechtschaft und Elend zu bringen; das sei die Glückseligkeit, welche die Deutschen von jener Seite zu gewärtigen hätten."

Allerdings aber handelten weder Kaiser noch Reich solchen Ansichten gemäß. Die habsburgischen Kaiser legten vielmehr einen weit größern Werth auf die Mehrung ihrer Hausmacht als auf die Wahrung der Integrität des Reiches, und das Reich selbst büßte in der innern Zwietracht jeden Stachel zur Thatkraft nach außen ein. Wohl bestanden die deutschen Fürsten in Worten fort und fort auf der Rückgabe der geraubten drei Bisthümer und Städte, wohl versprachen die deutschen Kaiser fort und fort dafür Sorge tragen zu wollen; aber nie kam man von Worten und Versprechungen zu Thaten und Erfolgen. Das Höchste, wozu man sich verstieg, war — im Jahre 1559 — die drohende Erklärung an Frankreich: „Man möge nicht glauben, der Kaiser und die Stände würden es bei Drohungen bewenden lassen; im Gegentheil, falls Frankreich auf seinem Raub zu beharren Miene mache, würden sie an stärkere und entscheidende Mittel denken, — welches dann nicht allein den Franzosen, sondern auch andern anstoßenden Fürsten hinlängliche Scheu verursachen würde, um fortan das Reich mit thätlichen Angriffen unbeleidigt zu lassen." Allein Frankreich verfuhr nach seinem Gutdünken, und ließ Kaiser und Reich nach Belieben protestiren.

Deutschland tröstete sich mit seinem guten Recht. Kaiser Maximilian schmeichelte noch 1568 sich und Anderen mit dem zufriedenen Selbstbewußtsein: „die drei Bisthümer gehörten allerdings zum Reiche, ob sie gleich Frankreich ipso facto inne habe." Seltsam! auf die Weise hätte man sich alle Glieder des Reiches rauben lassen dürfen, und sich vollkommen damit trösten können, daß sie dennoch zum Reiche gehörig seien. Freilich sandten die Bischöfe der drei Stifter noch 1566 jeder seinen Gesandten zum Reichstage; freilich galten und betrachteten sie sich selbst bis zum Westphälischen Frieden herab als Stände und Fürsten des deutschen Reiches; freilich erkannten sie noch formell die Souveränetät der Kaiser an, empfingen von ihnen die Investitur u. s. w. Allein was war mit allen diesen Fictionen geholfen? Es mußte sogar als bedenklich erscheinen, Fürsten, die thatsächlich blinde Vasallen der Beherrscher Frankreichs waren, sich rechtlich als deutsche Reichsstände geriren zu lassen. Und am Ende kam doch eben alles auf das Thatsächliche, auf das Haben, auf den Besitz an.

Der Besitz der drei Stifter und Städte war aber in den Händen der Franzosen für Deutschland überaus gefährlich. Hatten sie doch bisher, nach dem Ausdruck des Herzogs von Würtemberg im Jahre 1559, geradezu als eine „Vormauer gegen Frankreich" gegolten! War doch namentlich die

Stadt Metz, diese uralte deutsche Festung, Jahrhunderte hindurch der „Schlüssel zu Frankreich" gewesen, wie sie nunmehr der „Schlüssel zu Deutschland" ward. Mit Recht warnte daher der Pfalzgraf Wolfgang, Herzog von Zweibrücken, den Kaiser Maximilian im Jahre 1568: „Es würden die Franzosen gar nicht feiern, je länger je mehr festen Fuß in Deutschland zu fassen und mittelst der drei Stifter und Städte, die stets mit Kriegsvolk besetzt und gewaltig befestigt wären, die diesseits des Rheines gelegenen Länder unter ihre Gewalt zu bringen, wofern ihnen nicht in Zeiten begegnet werde."

Daß die französische „Befreiung" der drei „freien Reichsstädte" diesen nur die lauterste Knechtschaft brachte, versteht sich von selbst. Damit stand es gar nicht im Widerspruch, daß der Herr von Frankreich ihnen versicherte: „er wolle sie ganz wie seine übrigen Unterthanen betrachten" — oder, nach der Auslegung des verrätherischen Bischofs Robert von Metz: „wie gute Franzosen behandeln." Alle ihre Freiheiten und Privilegien wurden mit Füßen getreten oder geradezu abgeschafft, der vollständigste Despotismus aufgerichtet, die strengsten Militärgesetze verkündet und gehandhabt. Und zugleich wurde mit dem wüthendsten Eifer in ihnen der Protestantismus ausgerottet, dessen Bekennern in Deutschland die französischen Waffen doch angeblich „Schutz" und „Freiheit" und „Rettung" hatten bringen wollen. In Metz waren Haussuchungen nach protestantischen Büchern und fanatische Autodafé's an der Tagesordnung, und an die Einwohner erging ohne Weiteres der Befehl, sich „in Sachen der Religion streng an die Dogmen der katholischen Kirche zu halten, da man leider eine Hinneigung zu den Neuerungen in Deutschland wahrgenommen habe." Mit unübertrefflicher Virtuosität schaltete namentlich der Marschall von Vieilleville über Metz. Eine Klagschrift der vornehmsten Patricier an die kaiserliche Kammer zu Speier wurde von ihm mit Beschlag belegt, der Verfasser und der designirte Ueberbringer ertränkt, die Anderen mußten „Abbitte auf den Knieen" thun.

Trotz dieses Terrorismus der französischen Herrschaft und trotz der Apathie Deutschlands, das sich durch Nichtsthun alle Mühe gab die Herzen der verlassenen Landsleute sich zu entfremden, währte bei diesen noch lange Zeiten hindurch die unbedingteste Anhänglichkeit an ihr Vaterland fort. Nicht nur bestürmten die verjagten oder emigrirten Magistrate und Bürger den Kaiser und das Reich, wie namentlich auf dem Augsburger Reichstage von 1559, mit Bitten um Hülfe für ihre Heimath; sondern es fehlte auch wenig, so hätten noch im Jahre 1603 die Bewohner von Metz

— bei nur einiger Unterstützung von außenher — sich von Frankreich losgerissen und mit Deutschland wieder vereinigt.

Mit dem Geschehenlassen des Raubes von Metz, Tull und Verdun — das ist von allem das Wichtigste — begann für Deutschland der Pro=ceß des politischen Zerfalls und jene lange Reihe von Beraubungen, denen es bis auf die neueste Zeit herab preis gegeben war (S. Scherer a. a. O. S. 360).

Der Westphälische Friede, der diesen Raub sanctionirte, und auf den wir im Folgenden näher eingehen, war in mehr als Einer Beziehung für Deutschland eine Gipfelung der Schmach, und für Frankreich eine Gipfe=lung des Triumphes.

II.

Der Verlust der Landgrafschaft im Elsaß (1648).*)

~~~~~~~

Wie zu dem Raube von Metz, Tull und Verdun, so gaben auch zu dem Verluste des Elsaßes die religiösen Verwickelungen in Deutschland den nächsten Anlaß.

Der dreißigjährige Krieg wurde bekanntlich durch die ultramontane, von Oesterreich ausgehende und durch das Kaiserhaus gestützte Reaction angebahnt, die, trotz des längst und allseitig anerkannten Religionsfriedens, trotz der feierlich ausgesprochenen Gleichstellung der Bekenntnisse, dem Protestantismus immer zahlreichere deutsche Gebiete wieder abzuringen wußte und endlich auch Miene machte, ihm eines seiner ältesten und bedeutendsten Bollwerke — Böhmen — wieder zu entreißen. Die ungestüme Ungeschicklichkeit dieses Versuches, wodurch die unzweifelhaften im „Majestätsbrief“ besiegelten Rechte der Utraquisten auf das Gröblichste verletzt wurden, weckte die ersten Funken des Krieges, die nun alsbald in lichten Flammen aufschlugen.

Nach und nach nahm der Brand, bei wachsender Zwistigkeit der Parteien und dadurch bedingter reicherer Nahrung, immer breitere Dimensionen an, dehnte sich über das gesammte Deutschland aus, und lockte immer zahlreichere Fremdlinge — vor allem Schweden und Franzosen — als beutelustige Löschmannschaften heran und herein. Wie im Jahre 1552, so trat auch nunmehr wieder das katholische und dem centralisirenden Absolutismus verfallene Frankreich als „Beschützer“ des Protestantismus und als „Retter“ der „deutschen Freiheit“ auf. So kam es, daß am Ende weit mehr geschürt als gelöscht wurde.

---

*) Für diesen und die beiden folgenden Abschnitte kommt auch die actenmäßige Geschichte des Elsaßes von Strobel in Betracht.

Wir übergehen die mannigfach wechselnden Phasen dieser scheußlichen, nicht enden wollenden Zerrüttung und Verwüstung deutschen Bodens, der namentlich auch das Elsaß, dessen landgrafschaftliche Rechte dem österreichischen Erzherzog Leopold und seinen Erben zustanden, in vollem Maße anheimfiel.

Ende October 1644, kurz bevor die lange erwarteten Friedensverhandlungen endlich begannen, waren die Franzosen militärisch im Besitz des linken Rheinufers von Straßburg bis Koblenz, und des Landes zwischen Rhein und Mosel. Die französische Politik war entschlossen, es koste was es wolle, aus dieser Thatsache dauernden Gewinn zu ziehen. Alle Schleichwege der diplomatischen Kunst, alle Mittel der Ueberlistung sollten in Anwendung gebracht werden, um möglichst viel auf Einmal und mit Einem Federstriche zu erreichen. Als der Kaiser Ferdinand III. am 4. December die „gegenseitige Zurückgabe aller Eroberungen" in Vorschlag brachte, zog französischerseits der Cardinal Mazarin die Verhandlungen wohlweislich in die Länge, um allmälig die gegnerische Diplomatie mürbe zu machen; er wollte sie dahin bringen, erst selbst Anerbietungen zu machen und dergestalt im Principe nachzugeben. Nur immer andeutend, daß er etwas fordere, aber ohne je auszusprechen, was er fordere, hielt er sich die Hand frei und das Maß seiner Forderungen offen. Noch am 11. Juni 1645 sprach er nur im Allgemeinen das Verlangen aus: daß Frankreich für seine „Anstrengungen, Verluste und Ausgaben" eine „angemessene Entschädigung" erhalte. Es war vorauszusehen, daß dieser erste Anlauf noch nicht Erfolg haben, aber ihn doch vorbereiten werde; es kam darauf an, Fühlhörner auszustrecken und Samen auszustreuen, oder die Welt an gewisse Ideen nur erst zu gewöhnen, um sie dann am Ende auch dafür zu gewinnen. In der That lautete die Antwort im September noch durchaus ablehnend: der Kaiser sei der französischen Krone „nicht zu irgend einer Entschädigung verbunden"; vielmehr habe er „die gerechteste Ursache, für sich auf einer solchen zu bestehen." Nun neues Zögern und kluges Stocken; nur gelegentlich, nicht officiell, ließen die französischen Diplomaten das Stichwort „Abtretung des Elsaß" fallen. Das wirkte; nicht unmittelbar in Bezug auf das Object, aber mittelbar in Bezug auf das Princip. Mit dem December trat die erzielte Wendung ein. Trautmannsdorf, gleich nach seiner Ankunft zu Münster, bei seiner ersten Unterredung mit dem französischen Gesandten, ließ sich wirklich zu „Anerbietungen" herbei, wodurch sofort die Frage der „Entschädigung" im Princip als berechtigt zugestanden war. Denn obgleich er

verlangte, daß Frankreich „alles herausgebe, was es im deutschen Reich
inne habe", und obgleich er erklärte: daß der Kaiser „nie in die Abtretung
des Elfaß willigen werde", so erbot er sich doch im Namen des Kaisers
zur Ueberlassung aller Souveränetätsrechte über die drei Bisthümer, „Metz,
Tull und Verdun."

Das war es, was man französischerseits zunächst wollte, ein bloßes
Anbeißen. Fortan kam es nur auf das Quantum, auf das Mehr oder
Weniger der Anerbietungen und der Forderungen an. Das dargebotene
Quantum lockte der französischen Diplomatie nur ein hochmüthiges Lächeln
ab. Sie erklärte am 7. Januar 1646: das reiche zur „schuldigen Genug=
thuung" für Frankreich nicht hin, da „diese Dinge von Alters her
zu ihm gehörten"; sie forderte nun mit rückhaltsloser Unverschämtheit,
daß ihm „außerdem Ober= und Unterelfaß mit Einschluß des Sund=
gaus, Breisach und der Breisgau, die Waldstädte und die Festung Philipps=
burg mit ihrem Gebiete abgetreten würden"; dafür wolle es „dann
nicht verschmähen, wie andere Reichsstände Sitz und Stimme auf
dem Reichstage zu haben." Ueberdies verlangte man auch noch, daß
die Regelung der Angelegenheiten des Herzogs von Lothringen, dessen
Land fortwährend der Willkür Frankreichs preis gegeben war, völlig aus
dem Frieden „ausgeschlossen bleibe"; angeblich weil diese Sache „nichts
mit der gegenwärtigen Unterhandlung gemein" habe, in Wahrheit aber
damit ein Streitobject für künftige Eventualitäten erübrige.

Vergebens regte sich jetzt der Patriotismus der Stände in kühnen
Einreden: was denn die Fremden berechtige „Deutschlands Städte und
Landschaften gleichwie Beute unter sich zu theilen? was denn die Fürsten
gesündigt hätten, daß mit ihren Erbgütern der Ausländer Ehrgeiz und
Habsucht gestillt werden müßte? wer denn so blödsinnig sei zu hoffen, daß
die Gallier, nachdem sie so Vieles gewonnen, im Elsaß still stehen sollten?
Das sei die Seuche der Völker die unter verschiedene Fürsten vertheilt
sind, daß sie von Parteien auseinander gezerrt würden, und daß der
von einer Partei der Zwistigen Herbeigerufene wider Alle stark werde."

Vergebens erklärte auch der Fürstenrath: „Kaiser und Reich wären
den Franzosen schlechterdings keine Genugthuung schuldig", und
zeigte sich kaum einmal zur Ueberlassung der drei Bisthümer geneigt.

Vergebens malte Oesterreich selbst die Gefahren der Zukunft aus:
erfülle man die Forderungen Frankreichs, so würde dasselbe „bald aus
Straßburg und den 13 freien Reichsstädten" des Umkreises französische
„Landstädte zu machen wissen"; was die „Fürsten am Rhein zu befahren

hätten, leuchte von ſelbſt ein"; auch „die Niederlande würden bald in den
Händen der Franzoſen ſein"; und wolle man doch jetzt ſchon den „Herzog
von Lothringen nicht einmal mit ſeinen Klagen hören!"

Vergebens endlich proteſtirte die öffentliche Meinung gegen die Willkür
der fremden Dictatoren. „Zu Münſter und Osnabrück — riefen die Patrioten — ſpotten wehrloſe Ausländer, nicht mit Legionen gerüſtet, über die
Deutſchen und triumphiren über das ganze Deutſchland. Sie gebieten —
und wir ſind da; ſie reden — und wir hören ſie an wie Orakel; ſie ver-
heißen — und wir ſchenken ihnen Glauben wie Göttern; ſie dräuen —
und wir zittern gleich Sklaven. Wenn von Paris oder Stockholm her von
irgend einem Jupiter, oder einer launenhaften Juno, etwas von Gunſt
oder Zorn auch nur in einem Brieflein überſandt wird, ſo ſind wir Deutſchen — o der Blindheit! — gleich freud- oder leidvoll .... Und wir
Deutſche ſind noch un einig und verlaſſen unſere wahre Gottheit, um
jenen Götzen anderer Völker den Geiſt aller Freiheit, alles Ruhmes,
aller Ehre, und die Seele ſelbſt zu opfern!"

Vergebens! Frankreich, voll Scheu vor einem einigen Deutſchland,
war mit Erfolg bedacht, jede Einigung zu verhindern. Umſonſt bemühte
ſich daher Trautmannsdorf, alle Reichsſtände für die Partei des Kaiſers
zu gewinnen. Mazarin aber befahl ſeinen Agenten: „feſt bei den Forderungen zu beharren"; da er erfahren, daß der Kaiſer den „baldigſten
Frieden" in ſeiner bedrängten Lage für eine „Rothwendigkeit" halte, und
daß der Kurfürſt von Bayern „der Meinung ſei, man müſſe den Franzoſen
das Verlangte bewilligen." Nur dazu erhielten die franzöſiſchen Geſandten
die Vollmacht, für die Erzherzoge, als bisherige Beſitzer des landgräflichen
Elſaßes, zu einer „Geldentſchädigung" ſich zu verſtehen.

Die Umtriebe glückten über alles Erwarten. Trautmannsdorf wil-
ligte zuerſt in die Abtretung des untern, dann auch wenige Tage ſpäter
(14. April 1646) in die des obern Elſaßes nebſt dem Sundgau ein; und
eine Conceſſion fiel fortan der andern nach.

Es war in der That eine große Schwäche der Krone Bayern, daß ſie
ſich verleiten ließ, die Forderungen Frankreichs zu „unterſtützen". Es
war aber noch eine größere Schwäche Oeſterreichs, daß es für Geld die koſt-
barſten Reichsländer preiszugeben ſich bereden ließ. So geſchah es denn
wirklich, daß mittelſt des Friedenstractates nicht nur die Bisthümer Metz,
Tull und Verdun definitiv an Frankreich abgetreten wurden, ſondern zugleich auch die Landgrafſchaft im obern und untern Elſaß nebſt
dem Sundgau und der Stadt Breiſach ſowie die Landvogtei der

zehn im Elsaß gelegenen Reichsstädte: Hagenau, Kolmar, Schlettstadt, Weißenburg, Landau, Kaisersberg, Obernheim, Roßheim, Münster und Thüringheim — jedoch ohne daß die „Freiheit und Reichsunmittelbarkeit" dieser Städte dadurch beeinträchtigt werden sollte. Und alle diese Abtretungen österreichischer, bisher im Namen des deutschen Reiches geübter Besitztitel und Rechte erfolgten gegen eine Entschädigung von drei Millionen Livres für die Söhne des Erzherzogs Leopold, statt der sechs Millionen, die zu bewilligen die französischen Gesandten ermächtigt waren, und statt der fünf Millionen Reichsthaler, die Trautmannsdorf Anfangs gefordert. Der bisherige Lehnsverband der abgetretenen Besitzungen mit dem Reiche wurde übrigens schließlich für völlig aufgelöst erklärt; denn der Wunsch, vermittelst der Reichsstandschaft einen directen Einfluß auf die deutschen Angelegenheiten auszuüben, trat doch am Ende in dem Pariser Cabinet vor der Erwägung zurück: die Würde der französischen Krone verlange, daß der Besitz ein souveräner sei.

Deutschland war vollauf zu den bittersten Klagen berechtigt. Nie hat die französische Diplomatie größere Erfolge durch Zähigkeit errungen. Noch zwar verblieben Straßburg und alle bisher reichsunmittelbaren Stände des Elsaßes sowie das Herzogthum Lothringen beim deutschen Reiche. Aber wie lange konnte für sie nach so schmachvollen Preisgebungen die „Gefahr" ausbleiben, die Oesterreich selber für den Fall eines solchen Ausganges prophezeit hatte!?

III.

Die Uebergriffe im Elſaß und die Stiftung des erſten Rheinbundes (1658).

Man hat wohl zuweilen, auch außerhalb der franzöſiſchen Diplomatie des 17. Jahrhunderts, die Behauptung gehört: „daß den Beſtimmungen des Weſtphäliſchen Friedens über das Elſaß die Klarheit abgehe, daß Manches darin geeignet geweſen ſei, auf eine widerſprechende Weiſe gedeutet zu werden." (So auch Strobel, Geſch. des Elſaßes Th. IV. S. 477.) Das iſt indeſſen, wenigſtens für alle die Fragen, auf deren Entſcheidung es den Anmaßungen der franzöſiſchen Politik gegenüber vor allem ankam, durchaus unbegründet. Freilich darf man ſich auch heute, bei gewiſſenhafter Prüfung, nicht auf bloße Inhaltsanzeigen verlaſſen oder auf Ueberſetzungen, die beiderſeits nur zu leicht das Weſen der Dinge entſtellen und dadurch erſt die Zweideutigkeit verurſachen. So muß z. B. auch die Ueberſetzung bei Scherer (in Raumer's hiſtoriſchem Taſchenb. 1843. S. 5) leider als eine irrige und darum irreleitende bezeichnet werden, indem ſie „die beiden Elſaß" für „die Landgraffſchaft der beiden Elſaß", und „die zehn Städte" für „die Präfectur der zehn Städte" ſetzt. Das Maßgebende iſt ausſchließlich der lateiniſche Originaltext; und dieſer läßt für den Unbefangenen heute ſowenig wie im 17. Jahrhundert auch nur den geringſten Zweifel zu Gunſten der franzöſiſchen Anmaßungen zu.

Nicht das Elſaß als ſolches, mit ſeinem geſammten territorialen Inhalt und mehr als einer Million Einwohnern, wurde in den Paragraphen 73 und 74 des Münſter'ſchen Friedenstractates der Krone Frankreich abgetreten; ſondern n u r eben die „Landgraffſchaft" deſſelben, d. h. die l a n d g r a f f ſ c h a f t l i c h e n Rechte und Beſitzungen des Hauſes Oeſterreich im Elſaß, die nur den vierten Theil des Landes mit 227,000

Einwohnern umfaßten.*) Und ebenso wurden ihr nicht die früher ge-
nannten zehn Reichsstädte als solche abgetreten, sondern nur eben die
„Präfectur" derselben, d. h. die landvogteilichen Rechte des Hauses
Oesterreich gegenüber den zehn Städten. Es war klar, daß mit diesen
Abtretungen nur die landgräflichen Lehen und nicht die reichsunmittelbaren Stände des Elsaßes, nur die landvogteilichen Einkünfte und nicht die reichsunmittelbare Freiheit der Städte
preis gegeben werden sollte.

Wenn aber hierüber noch irgend ein Zweifel hätte bestehen können,
so wurde er vollkommen durch §. 87 gehoben, worin ausdrücklich festgesetzt
worden: daß der König von Frankreich sich mit denjenigen Rechten zu
begnügen habe, die bisher dem Hause Oesterreich zustanden; und
daß er demnach gehalten sei, in ihrer bisherigen Freiheit und
Reichsunmittelbarkeit zu belassen: 1) nicht nur die Bischöfe
von Straßburg und Basel, sowie die Stadt Straßburg**), sondern
auch 2) die übrigen in beiden Elsaß dem Reich unmittelbar untergebenen
Stände, namentlich die Aebte von Murbach und Ludern, die Aebtissin zu
Andlau, das Benedictinerkloster im St. Gregoriusthal, die Pfalzgrafen
von Lützelstein, die Grafen und Barone von Hanau, Fleckenstein, Oberstein
und die Ritterschaft des gesammten Nieder-Elsaß; sowie 3) die besagten
zehn Reichsstädte, welche die Landvogtei Hagenau anerkennen.

Endlich — und dies ist eine wohl zu beachtende Thatsache — gab
die französische Regierung selbst eine geraume Zeit hindurch unzweideutig
und wiederholentlich kund, daß sie über den wahren Sinn jener völkerrechtlichen Bestimmungen durchaus nicht im Zweifel sei. Aber ebenso
deutlich trat auch die Absicht hervor, dieselben durch allmälige systematische
Uebergriffe zu untergraben.

Die Tendenz, das gesammte Elsaß absolut unter die Botmäßigkeit
Frankreichs zu bringen, und zwar trotz der Verträge, hing auf das
Engste mit den Rheingelüsten zusammen. Von willkürlichen „natürlichen"
Grenzen träumend, vermochte man sich nicht zur Achtung der vertrags-
mäßigen völkerrechtlichen Grenzen zu erheben. Und doch zeigte schon das

---

*) In statistischer Beziehung s. Böckh, Der Deutschen Volkszahl und Sprach-
gebiet 1870. S. 172.

**) Diese ausdrückliche Erwähnung neben den anderen Ständen verdankte die Stadt
der Beharrlichkeit ihres Gesandten, während der französische Bevollmächtigte Servien
alles aufbot, um die Einschaltung zu hintertreiben.

Trachten nach Ländern des rechten Rheinufers, wie z. B. dem Breisgau, daß ſelbſt die vermeintliche Naturgrenze keine Bürgſchaft der Sättigung geben könne, und daß der Rechtsverächter ebenſo wenig die Natur wie das Recht achten werde.

Als die Vorbedingung zur Befriedigung ihrer Eroberungsgelüſte galt der franzöſiſchen Politik die Zerklüftung Deutſchlands. Jede Möglichkeit einer Einigung deſſelben auf die Dauer zu verhindern, war daher ihr Hauptbeſtreben im Weſtphäliſchen Frieden. Schon 1645 erklärte Mazarin den Straßburgiſchen Abgeordneten: „Es hänge Frankreichs Sicher= heit davon ab, daß die Stände Deutſchlands nicht in Sklaverei geriethen“ — d. h. unter einen Oberherrn. Darum ſollte allen deutſchen Fürſten die territoriale Souveränetät zugeſtanden werden; darum mußten ſie das Recht erhalten, nach Belieben Bündniſſe zu ſchließen und fremden Mächten Beiſtand zu leiſten. Freilich — lauteten die In= ſtructionen der franzöſiſchen Geſandten — in Frankreich würde ein ſolches Verhältniß verrätheriſch ſein, aber in Deutſchland wird es durch die Natur der Sache gerechtfertigt; unverzeihlich wäre es, wenn ein franzöſiſcher Prinz bei anderen Mächten Hülfe ſuchen wollte, die deutſchen Fürſten jedoch, von denen die Wahl des Kaiſers ſelbſt abhängig iſt, müſſen auch berechtigt ſein, mit anderen Potentaten Verträge zu ſchließen. Wir wiſſen, wie der franzöſiſche Anſchlag nur zu gut gelang. Das Jahr 1648 beſiegelte nicht nur die Thatſache, ſondern ſogar den Grundſatz der Zer= riſſenheit und damit der Ohnmacht Deutſchlands.

Auf ſolchem Fundamente wurden nun die franzöſiſchen Uebergriffe im Elſaß allmälig ins Werk geſetzt. Die Gewaltmaßregeln, Chicanen und Anmaßungen dehnten ſich alsbald nach allen Richtungen aus. Die erſte war wohl, im Jahre 1651, der Befehl zur Vertreibung „ſämmtlicher Jſraeliten“ aus der Stadt Breiſach und ihrem Gebiete, und zwar einfach aus dem Grunde, „weil ſie auch im übrigen Königreich nicht geduldet würden.“ Daran reihte ſich 1654 der weitere Befehl: daß in Breiſach ſo wie im Sundgau und Breisgau „kein Individuum“ geduldet werden ſollte, das einer „andern Religion als der katholiſchen“ angehöre. Anderer= ſeits forderte ſchon 1652 der franzöſiſche „Landvogt“ der zehn Reichsſtädte dieſen den „Eid der Treue“ ab. Die Städte, die in dem Landvogt nicht einen „regierenden Herrn“ ſahen, ſondern nur einen „Beamten, der über ihre Intereſſen zu wachen habe“, leiſteten ſo entſchiedenen Widerſtand, daß der Landvogt, Graf von Harcourt, ſich ſogar unterm 11. Juli 1653 zu einer ſchriftlichen Anerkennung ihrer „Privilegien, Beſitzungen und Frei=

heiten" fowie ihrer „reichsunmittelbaren Stellung" herbeiließ.
Aber fchon im September bekamen fie Grund zu einer neuen Proteftation
durch die Einfetzung eines franzöfifchen Parlamentshofes zu Enfisheim.
Zwar fuchte Colbert fie zu befchwichtigen: es gelte, den neuen Unterthanen die „wahren Früchte des Friedens" zuzuwenden; auch habe ja das
Elfaß fchon zur Zeit des auftrafifchen Reiches „Klein-Frankreich" geheißen.
Und der Generalprocurator tröftete fie gar mit dem Segen der franzöfifchen
Protection, indem er den Beherrfcher Frankreichs mit der „Sonne" ver-
glich, die „auch in die entlegenen Länder" ihre Strahlen verbreite. Dennoch beklagten fich die zehn Städte beim Regensburger Reichstage über
die Verfuche zur Antaftung ihrer Freiheiten, da fie doch keinen andern
Oberherrn als „Kaifer und Reich" anzuerkennen hätten. Ueberhaupt
häuften fich mit dem Jahre 1653 die Klagen von allen Seiten; man war
der franzöfifchen Fremdherrfchaft entfchieden abgeneigt, und die wachfenden
Uebergriffe konnten die Unzufriedenheit nur fteigern. Von den meiften
Ständen gingen damals beim Reichstage Befchwerden über „Rechtswidrig-
keiten" ein; auch der Bifchof von Bafel klagte, daß die von den Franzofen
occupirte Graffchaft Pfirt im Sundgau ein Lehen feiner Kirche fei; der
Adel befchwerte fich über die Forderung ungebührlicher Leiftungen; der
Graf von Saarbrück und andere Stände wegen der Gerichtsbarkeit, die
fich das Parlament in Metz über fie anmaßen wolle.

Kaifer und Reichstag ließen nach langen Discuffionen alle diefe Klagen
auf fich beruhen, obgleich einzelne Stände zu energifchen Maßregeln
riethen. „Wenn, mahnten diefe prophetifch, das Reich die gerechten Klagen
feiner Stände gleichgültig anfieht: fo wird ein völliger Bruch zwifchen den
Gliedern des deutfchen Staatskörpers nicht lange anftehen, und wir mögen
nur immer den ganzen Oberrhein verloren geben... Es wäre eine
Schmach, vor eingebildeten Schwierigkeiten zurückzuweichen; eine große
Schwäche, der Gerechtigkeitsliebe des franzöfifchen Königs zu vertrauen;
es hieße Frankreich unverantwortlich fchonen, wollte man nicht wagen es
zur gewiffenhaften Beobachtung der Verträge zu nöthigen."
Vergebens! der ganze Muth des Reichstags erfchöpfte fich in einem Memo-
randum an das Parifer Cabinet, worin nach fo vielen Rechtskränkungen
feltfamerweife erft noch das „Vertrauen" ausgefprochen wurde, daß man
„Niemanden in feinen Rechten kränken werde."

Die Wirkung war nur eine Steigerung des Uebermuthes der franzöfifchen Politik. Als der Verfuch zur Erwerbung der Kaiferkrone für die
Bourbons fcheiterte und die Wahl Leopolds von Habsburg im Jahre 1658

unabwendbar wurde, mußte man wenigſtens auf die Wahlcapitulation einen Einfluß zu üben, der die Macht des Kaiſers vollends brach und der franzöſiſchen Intrigue Thür und Thor öffnete. Demnach mußte der Kaiſer geloben, weder Krieg anzufangen ohne Genehmigung der Fürſten, noch den Feinden Frankreichs Hülfe zu gewähren; wogegen der franzöſiſchen Krone das Recht zugeſichert wurde: deutſchen Reichsſtänden, auf ihr Anſuchen, Beiſtand zu leiſten.

Aber noch nicht genug! Das ſollte nur die Brücke ſein zu einem franzöſiſchen Protectorate. Am 18. Juli war Leopold zum Kaiſer gewählt worden; und ſchon im Auguſt ward der ſogenannte „rheiniſche Bund" abgeſchloſſen, der mit Schwedens Beiſtand dieſes Protectorat ver-wirklichte.*) Die erſten Mitglieder deſſelben, außer Frankreich, waren: Die Kurfürſten von Mainz, Trier und Köln, der Biſchof von Münſter, die Herzoge von Braunſchweig-Lüneburg, der Landgraf von Heſſen-Caſſel, Pfalzneuburg wegen Jülich, Schweden wegen Bremen, Verden und Wismar. Erſt ſpäter traten Würtemberg, Darmſtadt, Pfalzzweibrücken und der Biſchof von Baſel hinzu. Als Zweck wurde aufgeſtellt: die „Auf-rechthaltung des Weſtphäliſchen Friedens" und insbeſondere die „Erhaltung der deutſchen Freiheit." Daher ſollte denn auch kein „Unterſchied der Religion" ſtatthaben, vielmehr das Bündniß ein rein politiſches ſein. Als Organ diente ein „Bundesrath" oder ein „Bundeskriegsrath". Denn obwohl man „keine Offenſion" beabſichtigte, ſondern nur ſich „zu defen-diren gemeint" war: ſo mußten ſich doch alle Verbündeten verpflichten, ein beſtimmtes Truppencontingent „jederzeit" marſchbereit zu halten. Frankreich verſprach, im Fall eines Angriffes 16,000 Mann zu ſtellen, gelobte im Uebrigen „das Reich auf keinerlei Weiſe zu beſchädigen", und betheuerte fort und fort: daß es der „aufrichtigſte Freund aller deutſchen Fürſten" ſei.

Trotzdem erregte die Stiftung des „Rheinbundes" eine große Be-ſtürzung. Der Papſt, der noch immer Türken und Proteſtanten ausdrück-lich auf eine Linie ſtellte, proteſtirte gegen das monſtröſe Bündniß katholi-ſcher Kirchenfürſten mit der ketzeriſchen Partei. Die intereſſirten Spanier zeigten ſich empört: man wolle die deutſchen Fürſten glauben machen, daß ſie „von Frankreichs Freundſchaft einen zuverläſſigern Schutz zu erwarten hätten, als von Kaiſer und Reich"; aber das ſei vielmehr „der grade Weg zum Umſturz der deutſchen Freiheit." Entſchieden patriotiſch trat der

---

*) Vgl. Pfiſter, Geſch. der Teutſchen V. 27 ff.

„große Kurfürſt“ von Brandenburg auf.   Nicht nur wies er ſelbſt alle
Zumuthungen zum Beitritt ab, ſondern machte auch bei Anderen eindring=
liche Vorſtellungen dagegen.   Dem Kurfürſten von Köln gegenüber appel=
lirte er an die „Liebe zu unſerm Vaterlande deutſcher Nation“; er beklagte
es als eine abſonderliche Heimſuchung Gottes, daß „die vornehmſten Säulen
des Reiches ſich durch die Widerſacher deſſelben von dem rechten Wege
ableiten laſſen“; er ſprach die feſte Zuverſicht aus, daß S. Liebden „nach
wohlerwogner Sache ſich zu anderen Gedanken werde bewegen laſſen“;
denn es ſei unverkennbar, „daß die Allianz ſolche Dinge in ſich begreife,
welche mit der Reichsverfaſſung und noch viel mehr mit dem Kurverein
gar nicht übereinkämen“; ſchließlich rieth er gemeinſam dahin zu wirken,
daß den Fremden „die Luſt, das Reich weiter zu invadiren und einen
Krieg aus dem andern zu ſpinnen, durch einmüthiges Zu=
ſammenhalten der ſämmtlichen Kurfürſten und Fürſten möchte be=
nommen werden.“   Die rheiniſche Allianz mußte ihm gerade in dieſer Zeit
um ſo bedenklicher erſcheinen, als er ſelbſt damals noch mit einem der aus=
wärtigen Mitgliedern derſelben, mit Schweden, halb im Kriegsſtande oder
doch erſt in Unterhandlungen über den Frieden begriffen war.   Sein Unwille
über das Eindrängen der Fremden ging denn auch ſo weit, daß er zu einem
förmlichen Appell an die deutſche Nation ſchritt, worin es hieß: „Ehrlicher
Teutſcher!   Dein edles Vaterland ward leider bei den letzten Kriegen unter
dem Vorwand der Religion und Freiheit gar zu jämmerlich zugerichtet.
Wir haben unſer Blut, unſere Ehre und unſern Namen dahingegeben, und
nichts damit ausgerichtet, als daß wir — uns zu Dienſtknechten, fremde
Nationen berühmt, uns des uralten hohen Namens faſt verluſtig, und
diejenigen, die wir vorher kaum kannten, damit herrlich gemacht haben!
Was ſind Rhein, Elbe, Weſer, Oderſtrom, nunmehr anders als fremder
Nationen Gefangene?   Was iſt deine Freiheit und Religion mehr,
denn daß Andere damit ſpielen?“   Nach einer Darlegung der Be=
ſchwerden gegen die ſchwediſche Fremdherrſchaft, ſchloß der Aufruf mit den
Worten: „So gedenke ein Jeder, was er für die Ehre des deutſchen Namens
zu thun habe, um ſich gegen ſein eigen Blut und ſein vor allen Natio=
nen dieſer Welt berühmtes Vaterland nicht zu vergreifen.   Mir,
du ehrlicher Deutſcher, ſind dieſe Dinge wohlbekannt, und habe ſie dir
daher wollen communiciren, damit man dich mit andern Be=
richten nicht länger äffen und ohne Grund der Wahrheit ewig blind
herumleiten möge.   Adieu!   Gedenke, daß du ein Deutſcher biſt!“
Vergeblich! der große Kurfürſt mußte es — bei der Fortſetzung des

Krieges im Bunde mit dem Kaiser — erleben, daß Schweden durch die deutfchen Waffen des „Rheinbundes" in Bremen, Verden und Wismar gedeckt wurde. Erft das Jahr 1660 brachte den Frieden zu Oliva.

Noch vortheilhafter als für Schweden war das Wirken des Rheinbundes für Frankreich im französisch=fpanischen Kriege. Nicht nur daß er in Deutschland alle Werbungen zu Gunften Spaniens, den Intereffen des Reiches und des Kaifers zuwider, verhinderte, fondern er schnitt auch den Zuzug der kaiferlichen Hülfsvölker ab. Und die Frucht für Deutfch= land war, daß im Pyrenäenfrieden 1659 wieder mehrere wichtige Plätze des burgundischen Kreifes an Frankreich verloren gingen. Das Reich, troß feiner bisherigen Oberhoheit über diefelben, wurde dabei gar nicht einmal um feine Zuftimmung befragt.

Dagegen darf die Gerechtigkeit es nicht verschweigen, daß im Türken= kriege 1664 die Truppen des Rheinbundes und mit ihnen auch diejenigen Frankreichs — nicht aber des Leßteren Diplomatie — dem Kaifer und Reiche tapfer zur Seite ftanden, ja in der fiegreichen Schlacht bei St. Gott= hard mit den Ausschlag gaben. Diefer Umftand kam aber auch wohl der französischen Politik bei ihrem unausgefeßten Bemühen, den Kurfürften von Brandenburg troß feiner Sprödigkeit für den Rheinbund zu gewinnen, nicht wenig zu ftatten. Wirklich trat derfelbe nach langen Verhandlungen endlich im November 1664 ihm bei; aber unter fo vielerlei Bedingungen und Vorbehalten, Verclaufulirungen und Verwahrungen, daß es mit Rück= ficht auf die Antecedentien des Kurfürften und auf die Folgen feines Bei= tritts keinem Zweifel unterliegen kann: er fei dem Bunde eben nur des= halb beigetreten, um ihn defto ficherer unschädlich machen und schließ= lich sprengen zu können. Denn unverkennbar ift es, daß feit feinem Eintritt die nachtheilige Wirkfamkeit des Bundes für Deutschland wefent= lich paralyfirt erscheint; und Thatfache ift es, daß der Bund felbft, der bei feiner Stiftung 1658 auf drei Jahre geschloffen und feitdem immer wieder auf einen gleichen Zeitraum verlängert worden war, gleich bei dem nächften Ablaufstermin im Auguft 1667, troß aller Bemühungen Frankreichs, ftatt erneuert zu werden, vielmehr zu Grabe getragen ward. Die katholischen Mitglieder im Bundesrath ftimmten zwar für Verlängerung; die anderen aber opponirten, „weil Frankreich darin" fei und weil man fich „eben deshalb wenig Fruchtbares" davon versprechen könne. Im folgenden Januar wurde die „rheinische Allianz" definitiv aufgelöft.

So hatte denn diefer erfte Rheinbund die Dauer von neun Jahren gehabt, d. h. faft genau diefelbe wie der zweite in unferm Jahrhundert.

IV.

Die Ausbildung des Raubsystems und die Aneignung Straßburgs (1681).*)

Bis zum Jahre 1664 hatte die „rheinische Allianz" in mehr als
Einer Beziehung nicht wenig dazu beigetragen, das schmähliche Umsich=
greifen Frankreichs auf Kosten Deutschlands zu erleichtern.

Obgleich die Wahlcapitulation Leopolds I. den „zehn Landvogtei=
Städten" des Elsaßes neuerdings die Fortdauer ihrer Reichsunmittelbar=
keit verbrieft hatte: wurde diesen dennoch gegen Ende des Jahres 1661
neuerdings die Zumuthung gestellt, dem König von Frankreich „als ihrem
gnädigen Herrn und Beschützer" den Treueid zu leisten. Nach mannig=
fachen Weigerungen und Transactionen verstanden sich endlich die Städte
im Januar 1662 zu einer Formel, worin sie „dem König mit aller Treue
das zu leisten versprachen, was sie ihm kraft der im Westphälischen Frieden
festgesetzten Abtretung der Landvogtei zu erweisen schuldig wären."
Hierdurch glaubten sie sich einigermaßen gewahrt zu haben. Doch nun=
mehr bemühte man sich französischerseits auf Grund sophistischer antiqua=
rischer Untersuchungen die Rechte der Landvogtei weit über alles bisherige
Maß auszudehnen. Danach sollten die Städte fortan in richterlichen
Dingen die Landvogtei zu Hagenau statt des Reichskammergerichtes zu
Speier anerkennen, und überdies die Landvögte sowohl zu den Raths=
wahlen als zur Besichtigung und Anordnung ihrer Wehrverfassung zu=
lassen. Einige fügten sich; andere widerstrebten und wurden gemißhandelt
oder gar, wie Colmar, mit „Ruinirung" bedroht; alle aber wandten sich

---

*) Außer Strobel und Pfister s. namentlich die Monographie von Scherer
über den „Verrath Straßburgs" in Raumer's hist. Taschenb. 1843. S. 1—135.

1664 mit erneuten Klagen an den Regensburger Reichstag. Dieser fuhr indeß unbekümmert fort, dem deutschen Volke das demüthigende Schauspiel einer „glänzenden Erbärmlichkeit" zu geben, eines unerschütterlichen Gleichmuths bei allen großen und nationalen Angelegenheiten, und eines desto unermüdlichern Eifers, sobald es sich um „Lappalien", um „Formalitäten" oder um „Rangstreitigkeiten" handelte. Die beim Reichstag accreditirten französischen Gesandten durften daher jederzeit die „Langsamkeit der Berathungen" verspotten und ihrem Hofe melden: „von den deutschen Fürsten sei nichts zu besorgen." Im folgenden Jahre ermannte sich zwar der Reichstag zu dem Vorschlage, sowohl die Beschwerden der zehn Städte, wie die der elsässischen Reichsritterschaft durch ein Schiedsgericht zu erledigen; allein die französische Diplomatie wußte die Angelegenheit so lange zu verschleppen, bis sie in noch größeren Gewaltthätigkeiten begraben ward.

Um diese Zeit fehlte es in Frankreich auch nicht an officiösen Broschürenschreibern, welche beflissen waren, die öffentliche Meinung im Interesse der französischen Anmaßungen zu bearbeiten. Am meisten that sich auf diesem Gebiete Aubery hervor, ein Pariser Advocat und königlicher Rath. Schon 1662 war er bemüht, in einer Broschüre die „Vorzüge des Königs von Frankreich" vor allen anderen Potentaten und dessen Mission als Weltbeglücker, als Retter und Beschützer der Völker, zu verkünden; 1667 aber deducirte er in einer neuen, dem Staatsoberhaupte selbst gewidmeten „Staatsschrift" über die „gerechten Ansprüche des Königs auf das Reich", daß der größte Theil Deutschlands das alte Erbtheil der französischen Herrscher sei. Ja, es fanden sich sogar in Deutschland superkluge oder phantastische Publicisten, die, durch französisches Gold oder durch ihre eigenen Träumereien bestochen, in Ludwig XIV. den Begründer eines neuen Zeitalters, einen neuen Karl den Großen begrüßten. Die materiellen Bestechungskünste und ihre Erfolge gingen damals ins Unglaubliche. Nicht nur deutsche Gelehrte, auch Diplomaten, Fürsten und kaiserliche Minister, wie Lobkowitz, wurden von Paris her durch Jahrgelder, durch Gratificationen oder reiche Geschenke und anderweitige Vortheile gewonnen. Wie sich der Kurfürst von der Pfalz mit 230,000 Reichsthalern erkaufen ließ: so sagte von den Ministern zu Wien Ludwig selbst, daß bei ihnen durch goldene Ketten Alles zu erlangen sei. Zu dem frechsten Treiben aber, zu einem wahrhaft landesverrätherischen Spiele, gaben sich die drei brüderlichen Fürsten von Fürstenberg her: Franz Egon, Bischof von Straßburg; Hermann, Oberhofmeister des Kurfürsten von Bayern;

und Wilhelm, geheimer Rath des Kurfürſten von Köln. Ihre ganze Sippſchaft wurde vom deutſchen Volke die „Egoniſten" genannt, und alle patriotiſchen Mahnrufe warnten vor ihnen als „falſchen Propheten".

Das eigentliche Raubſyſtem Ludwigs XIV. begann, als er nach dem Tode Philipps IV. von Spanien, ſeines Schwiegervaters, widerrechtlicher und gewaltſamer Weiſe die ſpaniſchen Niederlande und die Freigrafſchaft Burgund, das alte Lehen des deutſchen Reiches, plötzlich überfiel und in Beſitz nahm. Deutſchland und Spanien ließen ſich dieſen Raub ruhig gefallen. Denn obwohl der „Rheinbund" gerade jetzt ſein Ende fand: ſo hatte doch Frankreich durch die eben bezeichneten Anzettelungen genügend für neue Spaltungen und Uneinigkeiten geſorgt. Nur England, Holland und Schweden ergriffen die Waffen; allein der raſch herbeigeführte Aachener Friede ſanctionirte 1668 einen Theil des Raubes und beſtärkte dergeſtalt Frankreich in der Politik rückſichtsloſer dictatoriſcher Willkür. Das einzige Recht, das Ludwig XIV. fortan noch anerkannte, war das Recht der Stärke und des Erfolges.

Die Welt und das Reich lagen wieder mitten im Frieden, als ſie durch die neue Schreckenskunde überraſcht wurden: die Franzoſen hätten das Herzogthum Lothringen in Beſitz genommen. Den Vorwand dazu boten die Unterhandlungen, die der Herzog Behufs eines Defenſivbünd= niſſes mit der Republik Holland und dem Kaiſer pflog. Ein nächtlicher Ueberfall des Cavalleriegenerals Fourille am 25. Auguſt 1670, in der Abſicht, den Herzog gefangen zu nehmen, mißlang. Der Herzog entfloh. Darauf aber brach der Marſchall Crequi mit ſeiner Armee über die Gren= zen, überrumpelte am 1. September die Hauptſtadt Nanzig, plünderte das Schloß und überſchwemmte das ganze Land, laut und frech verkündend: daß der König von Frankreich daſſelbe fortan unter ſeinen „Schutz" nehme. Eine franzöſiſche Note zeigte dem deutſchen Reichstage dieſe Heldenthat mit dem Bemerken an: daß der König dieſen Gewaltſchritt „gezwungen" vollführe; er hoffe, man werde ihn billigen. Das geſchah nun zwar nicht; vielmehr forderten Kaiſer und Reich die Herausgabe Lothringens. Sie erhielten aber die unverſchämte Antwort: das Land ſei Eigenthum der Krone Frankreich. Darüber gerieth der deutſche Patriotismus doch einigermaßen in Bewegung. An die Mitglieder des Reichstags wurde ein Aufruf vertheilt, des Inhalts: „Erwacht ihr deutſchen Fürſten! ſchon habt ihr den Franzoſen in der Nähe; nachdem er Lothringen weggenom= men, ſteht ihm der Weg zum Rheine offen. Erwacht, und ergreift die Waffen! damit ihr den Franzoſen nicht zum Geſpötte werdet. Hütet euch

vor den falſchen Propheten, den Egoniſten! und wählet, ob ihr lieber Adler
ſein wollet unter dem Adler, oder Hühner mit dem Hahn!" Allein die
Fürſten erwachten nicht, d. h. ſie ergriffen nicht die Waffen; ſie begnügten
ſich vielmehr mit der Rolle der Vermittlung, die keinen andern Erfolg
hatte, als daß der Räuber ſeinen Raub behielt.

Inzwiſchen machte Ludwig XIV., während ſeine Kundgebungen „an
den deutſchen Fürſtenhöfen" von Friedensverſicherungen überquollen, ge-
waltige Rüſtungen zu einem Rachekriege gegen die Republik Holland
(1672—1678). Es war auf nichts Geringeres als auf die Vertilgung
derſelben abgeſehen; deshalb bot er alles auf, um Deutſchland in Un-
thätigkeit zu verſetzen, wo nicht gar zur Cooperation zu vermögen. Und
in der That, trotz des Raubes von Lothringen gelang es ihm, auch jetzt
noch die Reichsfürſten in ihrer thörichten Verblendung und auf ihren ver-
kehrten Wegen zu erhalten. Durch täuſchende Worte, durch Intriguen und
durch Gold hielt er ſie wenigſtens Anfangs im Schach oder lockte ſie auf
ſeine Seite hinüber. Den Kaiſer, Sachſen, Bayern und Mainz wußte er
zur Neutralität, — Köln aber, ſowie Münſter, Hannover und Osnabrück
ſogar zur Allianz zu beſtimmen. Das Beiſpiel wirkte, und immer mehr
Reichsfürſten ſchloſſen ſich theils der Neutralität, theils der franzöſiſchen
Allianz an. Außer dieſen deutſchen Alliirten ſtanden auch England und
Schweden beim Ausbruch des Krieges Frankreich zur Seite; während die
hintergangene und überraſchte Republik ſich völlig iſolirt ſah. Aber glück-
licherweiſe nur einen Augenblick.

Denn der große Kurfürſt von Brandenburg, der die „Gefahren" erkannte, welche der Untergang der Niederlande für Deutſchland, ja für
„ganz Europa" nach ſich ziehen müſſe, ergriff ſofort offen Partei für ſie
und gegen Frankreich. Vergeblich blieben bei ihm alle Ueberredungskünſte
der franzöſiſchen Diplomatie; vergeblich lockte man ihn durch die Zu-
ſicherung eines bedeutenden Ländergewinns und Beuteantheils, indem
man ihm die Provinzen Geldern und Zütphen anbot. Mit Verachtung
wies Friedrich Wilhelm alle dieſe und ähnliche Anträge Frankreichs ab,
verbündete ſich ohne Zögern und Zagen mit der kleinen verlaſſenen Republik, und ruhte nicht eher, als bis er zu ihren Gunſten eine Coalition
mit dem Kaiſer, dem Reich und Spanien zu Stande gebracht. Seine
Opferwilligkeit und Thatkraft waren unermüdlich. Wir erinnern nur
daran, wie er treulich im Elſaß aushielt, während die Schweden ſeine
Marken überzogen und ſchmählich darin hauſten; wie er ſpäter, von Franken
her, dem Sturmwind gleich über ſie hereinbrach, ſie in ununterbrochenem

Siegeszüge zur Bewunderung der deutschen Nation vor sich hertrieb, und das ganze nördliche Deutschland von ihnen befreite. Mit Recht durfte er hoffen, daß es den Schweden nie wieder gestattet sein werde, als Herren dahin zurückzukehren; mit Recht durfte er erwarten, daß Kaiser und Reich nunmehr mit ihm ihre Anstrengungen verdoppeln würden, um Frankreich gleich wie Schweden in seine Schranken zurückzuweisen.

Da erfolgte ohne sein Wissen der unglückselige und übereilte Friedens= schluß zu Nimwegen. Derselbe war überaus schimpflich für Deutschland, und nur für Deutschland. Während Holland nicht eine Scholle Landes und keinen Titel an seiner Ehre verlor: wußte Frankreich von dem Kaiser, der auch im Namen des Reiches unterhandelte, die demüthigendsten und unbedachtesten Zugeständnisse zu erlangen. Die deutschen Schleppträger und Agenten Frankreichs, die Fürsten von Fürstenberg, welche die Stimme Deutschlands verurtheilt und beseitigt hatte, mußten in alle ihre Besitzun= gen und Rechte wieder eingesetzt werden. Für das Schutz= und Besatzungs= recht in Philippsburg tauschte Frankreich die weit wichtigere Stadt Frei= burg und Umgegend mit dem Recht des freien Durchzugs durch das Reichs= gebiet ein. Die Ueberreste des burgundischen Kreises in der Freigrafschaft wurden ohne Weiteres preis gegeben. In Bezug auf die Restitution des Herzogs von Lothringen ließ man sich zu so durchaus unannehmbaren Be= dingungen herbei — namentlich sollte Nanzig selbst bei Frankreich ver= bleiben —, daß, wie vorauszusehen war, der Herzog dagegen protestirte, und demnach sein ganzes Land nach wie vor in den Händen des Räubers blieb. Der Gipfel aller Schmach aber war, daß die durch den großen Kurfürsten von Brandenburg unter ungeheuren Opfern aus Deutschland vertriebenen Schweden mit Einem Federzuge in ihre alte Herrschaft über Norddeutschland wieder hergestellt wurden, die ihnen in Folge dessen zum Theil bis in unser Jahrhundert verblieb. Eifersucht gegen das aufstre= bende Brandenburg war hierbei leider wesentlich im Spiele; sarkastisch ge= nug hatte Hocher, der kaiserliche Minister, geäußert: „es gefalle dem Kaiser nicht, daß sich ein neuer König der Vandalen an der Ostsee erheben wolle." Das Entsetzen in Deutschland war allgemein; aber vergeblich blieben alle Klagen und Beschwerden über die für unmöglich gehaltene selbstwil= lige Wiederherstellung des Joches der Fremden; vergebens warf man dem Kaiser vor, daß er die Vollmacht des Reiches mißbraucht; vergebens machte eine Anzahl von Fürsten sogar Miene zum Widerstand; vergebens auch protestirte der Kurfürst von Brandenburg. Am Ende sah sich doch auch dieser in seiner Isolirung zu dem beistimmenden Friedensschlusse mit

Frankreich im Juni 1679 genöthigt; unwillig unterschrieb er ihn, mit den Worten Virgil's sich Luft machend: Exoriare aliquis nostris ex ossibus ultor (Möge aus meinen Gebeinen ein Rächer erstehen)! Auch Kaiser Leopold fühlte das Schimpfliche dieser Verträge; nur daß er gottergebener seufzte: „Gottes Hand, auch wenn sie züchtige, müsse man küssen." Seine ungarischen Angelegenheiten hatten ihn den deutschen Interessen entfremdet.

Die Consequenzen blieben nicht aus. Die Zeiten, die unmittelbar auf den Nimweger Frieden folgten, sind die schmachvollsten, die Europa, die Deutschland und Oesterreich jemals erlebt. Denn die räuberische Politik Frankreichs hatte nur eine neue Sanction und damit nur einen neuen Sporn empfangen.

Wiederum lag die Welt im tiefsten Frieden, als Ludwig XIV. das Handwerk des Länderraubens ohne Kriegserklärung zu einem vollkommenen System ausbildete, und dieses System plötzlich auf die ausgedehnteste Weise in Anwendung brachte. Und dabei war sein Hauptaugenmerk die Wegnahme aller im Elsaß noch bestehenden freien Reichsstände, zumal aber der freien Reichsstadt Straßburg.

Zu den Unüberlegtheiten des Nimweger Friedens hatte auch die gehört, daß man zwar den Münster'schen Frieden in allgemeinen Ausdrücken bestätigte, aber ohne auch nur mit einer Sylbe der langjährigen und immer noch obschwebenden Differenzen über das Verhältniß der unmittelbaren Reichsstände und Reichsstädte des Elsaßes zu gedenken, obwohl dieselben seither nur immer härter bedrängt worden waren. Namentlich hatten die zehn Landvogtei-Städte die ärgsten Mißhandlungen und eine völlige Umwandlung erlitten; 1672 waren sie gewaltsam besetzt, ihre Festungswerke, Wälle und Mauern geschleift, und sie dergestalt sämmtlich zu offenen Orten gemacht worden, freilich immer unter Betheuerungen: daß dies „ihrer Freiheit nichts nehmen" solle; 1677 aber wurde ein Theil derselben auf Befehl von Paris her so scheußlich verwüstet und eingeäschert, daß selbst General Montclar ausrief: die Herren in Paris müßten „vom bösen Geist besessen" sein. Dennoch war zu Nimwegen das Schicksal dieser Reichsstädte völlig unberücksichtigt geblieben. Und ebensowenig hatte das dringende Verlangen Straßburgs, daß seiner reichsunmittelbaren Stellung neuerdings eine specielle Anerkennung zu Theil werde, Gehör gefunden; es mußte sich in seiner deutschen nationalen Gesinnung — wie das Bürgerthum überhaupt — treu ausharrend, mit der summarischen Bestätigung des Münster'schen Friedens begnügen, der, wie wir sahen, im §. 87 allerdings „die Stadt Straßburg" ausdrücklich und in jeder Beziehung von den Abtretungen ausgenommen hatte. So kam es denn, daß das Schweigen des Nimweger Friedens über die bisherigen Streitfragen von der sophistischen Politik Frankreichs als eine stillschweigende Anerkennung seiner Verdrehungen der Münster'schen Verträge und seiner vertragswidrigen Uebergriffe im Elsaß gedeutet wurde. Um so natürlicher waren die bangen Ahnungen, die das Elsaß bewegten. Zwar hatte noch im Jahre 1678 der französische Resident in Straßburg, Herr von Laloubère, den geängstigten Behörden der Stadt die Versicherung gegeben: sein König „denke nur an Vertheidigung; er wolle keine Eroberung machen, noch Jemandes Rechten und Freiheiten zu nahe treten." Allein man traute den Worten nicht.

Dennoch sollten bald genug auch die bangsten Ahnungen noch übertroffen werden. Nicht nur wurde, entgegen den Verträgen von 1679, eine Reihe occupirter Plätze von den Franzosen nicht geräumt und mit Contributionen heimgesucht; nicht nur wurden die zehn Landvogtei = Städte jetzt durch Militärgewalt gezwungen, dem König von Frankreich den „Eid der Treue" zu schwören und das kaiserliche Reichswappen zu beseitigen, sondern unverholen gab auch die französische Regierung die Absicht kund, das gesammte Elsaß ein für allemal völlig vom deutschen Reiche loszutrennen. Nunmehr wurde die freche Behauptung aufgestellt: „dem König von Frankreich gebühre die volle Souveränetät über die im Westphälischen Frieden erworbenen Reichslande, und diese Souveränetät gehe so weit, daß er auch alle und jede Pertinenzen, die irgend einmal mit den erworbenen Territorien in Verbindung gestanden, zurückzufordern berechtigt sei." Nunmehr wurden auch, um den Räubereien den Schein einer rechtlichen Procedur zu geben, die berüchtigten Reunionskammern errichtet, deren Aufgabe es war: die Archive zu durchstöbern und territoriale Ansprüche der Krone ausfindig zu machen, um dieselben dann durch sophistische Deductionen zu begründen und durch richterliche Aussprüche zu sanctioniren. Als Roland de Ravaux, Parlamentsrath zu Metz, zuerst diesen Gedanken anregte, erblickte selbst Louvois darin nur Wahnwitz und Chimäre; indeß noch im Jahre 1679 wurde er zum leitenden Gedanken der französischen Eroberungspolitik erhoben. Alsbald erstanden nicht weniger als vier Reunionskammern: zu Metz, für Ermittlung von Ansprüchen und Dependenzen der drei lothringischen Bisthümer; zu Besançon, in Betreff Burgunds; zu Dornick, wegen der spanischen Niederlande; und zu Breisach, für das Elsaß.

Eine unübersehbare Reihe der perfidesten und infamsten Gewaltthaten war die Frucht dieses Beginnens. Die Kammer zu Metz nahm mehr als 80 Lehen als Dependenzen der Bisthümer in Anspruch; und darunter nicht blos einzelne Städte und Districte, sondern ganze Grafschaften und Fürstenthümer wie Zweibrücken, Veldenz, Saarbrück und Sponheim; die Besitzer wurden wegen unterlassener Huldigung vorgeladen und, da sie nicht erschienen, ihrer Länder durch militärische Execution beraubt. Die Kammer zu Besançon decretirte namentlich die Einziehung der würtembergischen Grafschaft Mömpelgard, als einer Dependenz der Franche-Comté. Die Kammer zu Dornick nahm u. A. das ganze Herzogthum Luxemburg in Anspruch. Die Kammer zu Breisach endlich stellte im August 1680 das ganze geistliche und weltliche Vermögen des Elsaßes unter die Obergewalt des Königs von Frankreich, forderte die sämmtlichen Herrschaften des Landes auf, unverzüglich dem König den Eid der Treue zu leisten und das französische Wappen anzuschlagen, und gebot überdies, die letzte Entscheidung im Gerichtsgange nirgend anders als bei ihr selber einzuholen. Zudem wurden auch die pfälzischen Gebiete Selz, Germersheim u. s. w. ohne Weiteres militärisch in Besitz genommen, mit der frechen Lüge: daß die Friedensschlüsse von 1648 und 1679 dem König dazu das Recht gäben, und daß Niemand den Frieden so getreulich erfüllt habe wie er. Endlich im Januar 1681 maßte sich Ludwig XIV. auch den „Schutz" der reichsunmittelbaren Ritterschaft des untern Elsaßes an. Der verrätherische Bischof von Straßburg, jener verrufene Franz Egon von Fürstenberg, der gleich seinem Bruder Wilhelm fortwährend mit Ludwig XIV. einen geheimen Briefwechsel unterhielt und sich nicht schämte, von dem Reichsfeinde eine jährliche Pension von 60,000 Livres als Verräthersold anzunehmen, war schon zuvor der Aufforderung zur Unterwerfung mit seinem Stifte bereitwilligst entgegengekommen. Sein Beispiel hatte unter den Ständen und dem Adel immer zahlreichere Nachfolge gefunden; und auch der Herzog von Würtemberg hatte im December 1680 den Huldigungseid mit dem Gelöbniß „unbedingter Ergebenheit" geleistet. Die dictatorischen Forderungen Frankreichs wurden aber auch — zu kräftigerem Nachdruck — stets mit der Drohung begleitet, daß jede Widersetzlichkeit als Rebellion geahndet werden würde; sowie mit der Lockung, die Gehorsamen im Genusse ihrer Rechte, Privilegien und Gewohnheiten erhalten zu wollen. Eine beträchtliche Armee unter Crequi stand jederzeit auf dem Sprunge, nach allen Richtungen hin die Execution zu vollziehen.

Mit starrem Erstaunen und wahrhaftem Entsetzen vernahm man in

Deutschland und in ganz Europa die Kunde dieser unerhörten Vorgänge. Der Widersinn der französischen Prätensionen war so einleuchtend, daß man überall sich sagte: auf diese Weise könne Frankreich am Ende ohne Schwertstreich ganz Deutschland, ja ganz Europa cassiren. „Doch nein!" warf man wieder spöttisch ein, „wenn denn doch so durchaus auf die ersten Anfänge zurückgegangen werden solle, dann müsse umgekehrt ganz Frankreich wieder dem römischen Reiche einverleibt werden."

An ein rasches und energisches Entgegentreten war indeß nicht zu denken. Kaiser und Reich entschlossen sich allerdings schon im Februar 1680 zu „Gegenvorstellungen" in Paris; der König sollte „ersucht" werden: „auf den Westphälischen Frieden Rücksicht zu nehmen und nicht wider den klaren Buchstaben desselben so viele Reichsstände zu beschweren, vielmehr die früher beliebte Entscheidung der Sache durch Schiedsrichter stattfinden zu lassen und inzwischen alle Thätlichkeiten einzustellen." Allein der französische Gesandte in Wien wollte mit der Sache nichts zu schaffen haben, und so sandte der Kaiser den Grafen von Mansfeld in außerordentlicher Mission nach Paris. Hier wußte man die Angelegenheit bestens in die Länge zu ziehen, während die gewaltthätigen Operationen rasch ihren Fortgang nahmen. Die dadurch vermehrten Klagen beim Reichstage bestimmten diesen endlich im Juli zur Absendung eines ausführlichen Memorandums, wobei indeß vor allem die ausgesprochene Absicht zu Grunde lag: den französischen König „nicht zu reizen", sondern ihm nur die Eingriffe seiner Beamten vorzustellen. Als juristische Deduction ließ denn auch die Denkschrift nichts zu wünschen übrig. Sie hob namentlich sehr richtig hervor, daß doch unter „Dependenzen" niemals die Besitzungen „unmittelbarer Reichsstände" verstanden werden könnten, da ja jeder Reichsstand „für sich selbst bestehe"; bei dem französischen Verfahren müßten die Besitzungen und Herrschaften „der ganzen Welt" unsicher werden; man überlasse es daher dem „Urtheil des Königs und des ganzen Europa", ob ein solches Verfahren „statthaben könne". Doch wie mochte man sich nur überreden, daß sich mit „Rechtsgründen" gegen die schmählichen „Scheingründe" der französischen Politik noch etwas ausrichten lasse!

Die französische Antwort im October, sowie die dem Kurfürsten von der Pfalz ertheilte, war denn auch sehr hochmüthig, scheinbar gereizt und reich an sophistischen Lügen. Der König habe schon „Geduld" genug gegen die anzüglichen „öffentlichen Schriften" bewiesen; der Reichstag würde wohl gethan haben, die „seinige zu unterlassen" und sich besser zu unter=

richten; zu Nimwegen sei der „Vergleich" getroffen worden, daß „das
ganze Elsaß sammt Dependenzen der Krone Frankreich verbleiben
solle"; alles was der König in Besitz genommen „gehöre ihm so recht=
mäßig, daß Niemand darüber einen Zweifel haben könne"; er habe seiner=
seits „alle Verbindlichkeiten des Friedens glücklich erfüllt"; die Reichs=
stände sollten denn auch ihrerseits, statt „Streit und Zank zu wecken, viel=
mehr Denjenigen Stillschweigen auferlegen, die durch dergleichen Klagen
das Band der Freundschaft trennen wollten"; auch sei „schon seine
Geduld" in Ertragung der bisherigen leidenschaftlichen Angriffe ein „über=
zeugender Beweis seiner übermäßigen Neigung, die Ruhe zu
schützen und zu handhaben."

Das Gegentheil dieser Behauptungen war so einleuchtend, daß „alle
Hände hätten zu den Waffen greifen müssen", um eine „so freche Ver=
letzung aller Treue und aller Verträge" gebührendermaßen zu beantworten.
Der Reichstag ließ es indessen bei „halben Maßregeln" bewenden; einer=
seits suchte er im Februar 1681 seine „Vorstellungen" nochmals auf diplo=
matischem Wege zu rechtfertigen; andererseits machte er Miene, eine
„Reichsdefensionalverfassung" in Berathung zu ziehen.   Immerhin wirkte
dieser letztere Umstand mehr wie der erstere.   Frankreich machte jetzt den
Vorschlag zu einem „Congresse" in Frankfurt, um alle Streitigkeiten
auszugleichen; jedoch mit dem unverschämten Vorbehalt, das Reunions=
verfahren erst mit der wirklichen Eröffnung des Congresses einzu=
stellen. Die französische Politik beabsichtigte hierdurch, für weitere Reunio=
nen noch bedeutend an Zeit und Spielraum zu gewinnen. Und sie täuschte
sich nicht.

Der Reichstag zu Regensburg, der ohne vieles Bedenken auf den
Congreßvorschlag einging, fand über den „modus tractandi" so vielerlei
zu berathen und berieth das Unwichtigste mit solcher Wichtigkeit, daß an
Uebereilung nicht zu denken war. Da gab es zu erwägen: ob die kurfürst=
lichen Gesandten Excellenzen heißen, bei den Gastmählern des kaiserlichen
Commissarius auf roth ausgeschlagenen Stühlen und Fußteppichen sitzen,
von Edelknaben bedient sein und mit goldenen Messern und Gabeln essen
sollten, während die fürstlichen sich mit grünen Stühlen ohne Teppich, mit
Lakaien und silbernen Gabeln zu begnügen hätten; ferner ob am Pfingst=
tage der Reichsprofoß die kurfürstlichen Gesandten mit sechs, die fürstlichen
nur mit vier Maien zu beehren habe, und Aehnliches mehr.

Und als endlich der für den Congreß festgesetzte Eröffnungstermin,
der 31. Juli 1681, eintrat: da fanden es einerseits die französischen

Abgeordneten angemessen, statt sich einzufinden, lieber in Höchst liegen zu bleiben; während andererseits die kaiserlichen und Reichsdeputationen in Frankfurt die Muße sehr nöthig zu haben schienen, um mit Erfolg einen neuen Wust ceremonieller Präliminarfragen zu erledigen. Mit wahrhaft lächerlichem Eifer stritt man denn in dieser Zeit der schmachvollsten Bedrängniß des Vaterlandes über Rang und Titel, über die Form der Sitze und Tische, ob man an einem oder an mehreren Tischen, ob im Cirkel, Oval oder Quadrat sitzen wolle, und in welcher Ordnung die Stimmen gesammelt werden sollten; ferner ob nur die Kurfürsten an allen Verhandlungen Theil zu nehmen hätten, ob und bei welchen dagegen die Fürsten oder die Reichsstädte und die Ritterschaft auszuschließen seien; dann über die Reihenfolge der Plätze, welche die Gesandten in den verschiedenen Sitzungen, mit und ohne Theilnahme der Franzosen, an den Sitzungstischen einnehmen sollten; endlich ob nach dem bisherigen Brauche die Verhandlungen in lateinischer oder, worauf die Franzosen mit berechnendem Eigensinn bestanden, in französischer Sprache zu führen seien. Alle diese Streitigkeiten ballten sich zu einem so unentwirrbaren Knäuel, daß der Reichstag selbst sich veranlaßt sah, am 18. August darüber ein Gutachten abzugeben, und daß noch unterm 10. September deshalb ein kaiserliches Commissionsdecret erging, worin ein doppeltes Schema für die Plätze aufgestellt und die Hoffnung ausgedrückt war: die Sessionen würden darnach eingerichtet werden, „damit die allerhöchst kaiserliche Präminenz observiret und allen Difficultäten, welche die französische Gesandtschaft obmoviren könnte, vorgebaut werden möge."

Während dergestalt der Frankfurter Congreß, gleichwie der Regensburger Reichstag mit den allerkleinlichsten Dingen die Zeit vergeudete, ging plötzlich die Botschaft von der allergrößten Missethat der Franzosen, von der frechsten aller Reunionen, von der Ueberrumpelung und dem Raube Straßburgs ein.

Dieser äußerste Gewaltstreich fand am 30. September 1681 statt. In Folge der Breisacher Decrete vom August 1680 waren auch vier zur Reichsstadt Straßburg gehörige Aemter von den Franzosen „reunirt" worden. Auf ihre Klagen darüber, unter Berufung auf ihre Reichsunmittelbarkeit, erhielt die Stadt von dem Kammerpräsidenten die Antwort: daß es auf ihre Reichsunmittelbarkeit durchaus nicht abgesehen sei, und daß er sich „wohl hüten werde, gegen die Stadt ein Gleiches vorzunehmen"; die Aemter aber hätten unweigerlich dem König „den Eid der Treue zu schwören." Die Stadt war bestürzt; alle weiteren Schritte blieben erfolglos; ihre mehr als vier Jahrhunderte hindurch „mit Liebe und Aufopferung behauptete Unabhängigkeit" war augenfällig bedroht. Seit dem Nimweger Frieden hatte sie, statt des erbetenen Schutzes, von dem Kaiser nur die Versicherung „inniger Theilnahme", und von dem Reichstage nur eine unbedeutende Geldhülfe erhalten. Auch jetzt stieß ihr angstvoller Bericht in Wien Anfangs auf Unglauben, dann auf „bloße Vertröstungen"; erst als die Anzeichen und Warnungen sich mehrten, wurde am kaiserlichen Hofe beschlossen, ein Corps von 6000 Mann nach Straßburg zu legen; allein der Beschluß blieb unausgeführt, weil sich der Ausführung allerhand Schwierigkeiten und Bedenken entgegenstellten.

Nun verstrichen bange Monate. Der neue französische Resident in Straßburg, der junge Fritschmann, hatte zwar auch seinerseits eine Vollmacht überreicht, in der ausdrücklich die „Reichsunmittelbarkeit der Stadt anerkannt" und die Versicherung enthalten war, daß der König nichts Anderes begehre als „in ein durchaus freundliches Verhältniß mit ihr zu treten." Das klang allerdings beruhigend, und der Rath versäumte auch nicht, sich der französischen Regierung, namentlich durch Zerstörung des Kehler Brückenkopfes im Februar 1681 und durch Verabschiedung der schweizerischen Soldtruppen, gefällig zu erweisen. Nichts desto weniger regte sich das Mißtrauen immer stärker, da von allen Seiten Warnungsbriefe einliefen. Louvois hatte in der That keine Mühe, seinen Monarchen zu überreden, daß Straßburg im Grunde „um nichts privilegirter sei als die zehn Landvogteistädte", und wegen des Besitzes jener vier Aemter sich „nicht weigern könne", auch seinerseits ihm den Eid zu leisten; widerstrebte es, so müsse man es mit Waffengewalt dazu zwingen. Allmälig und in geheimnißvoller Weise wurden immer mehr Truppen um Straßburg angehäuft, und zugleich in der Stadt selbst verrätherische Verbindungen angeknüpft. Die Uneinigkeit und gegenseitige Eifersucht der fünf Rathsherren kam diesen Umtrieben zu Statten. Der Stadtrichter von Zedlitz, der Rathsschreiber Günzer und der Senator Stößer zeigten sich den französischen Ueberredungskünsten am zugänglichsten. Die Befürchtung, daß vom deutschen Vaterlande keine rettende That zu hoffen und die Stadt jedem arglistigen Anschlage des Pariser Cabinets hülflos preis gegeben sei, mochte nicht wenig zur Corrumpirung mancher einflußreichen Persönlichkeit beitragen. Bei Weitem die Mehrzahl der Bürger bewahrte aber eine echt deutsche Gesinnung, sah in den Franzosen nur Feinde des Vaterlandes und Unterdrücker der Freiheit, und war unter allen Umständen zu den größten Opfern für die Erhaltung ihrer Unabhängigkeit bereit. Der

gefährlichste Feind dieser letzteren war ohne Zweifel der Bischof von Straß=
burg, Egon von Fürstenberg, der von seiner unfreiwilligen Residenz
Zabern her lüstern nach dem verlorenen Paradiese des Straßburger Mün=
sters und der Gewissensherrschaft über die Straßburger Bevölkerung aus=
schaute und, um dieses Paradies — das seit der Reformation in ein Haupt=
bollwerk des Protestantismus verwandelt worden — sich und der katho=
lischen Kirche wiederzugewinnen, fort und fort mit dem allerchristlichsten König
von Frankreich landesverrätherische Intriguen spann.

Die militärischen Rüstungen in Frankreich, die ein wahrhafter Hohn
auf die Friedensmission des Frankfurter Congresses waren, blieben trotz
ihrer Heimlichkeit und trotz ihrer Ableugnung keineswegs unbeachtet. Die
dem Elsaß zunächst gelegenen Reichsstände geriethen in Bewegung, ganz
Schwaben wurde alarmirt, Einzelne wie der Graf von Durlach trafen
Vorkehrungen zur Kriegsbereitschaft, hoben Mannschaften aus, verstärkten
ihre Festungen u. s. w. Aber der Congreß in Frankfurt, der Reichstag in
Regensburg und der kaiserliche Hof in Wien blieben ruhig. Die französi=
schen Gesandten allüberall erhielten den Befehl, sich mit möglichster Vor=
sicht zu äußern, alle kriegerischen Intentionen in Abrede zu stellen, und
von Versicherungen der Friedensliebe und der Freundschaft überzufließen.

Indessen waren alle Vorbereitungen des Gewaltactes gereift, alle
nöthigen Befehle zu rascher und kräftiger Ausführung erlassen, ein recht=
zeitiges Ineinandergreifen aller cooperirenden Factoren verabredet wor=
den. Vauban, unter dem Vorwand einer Reise nach Italien, ging im
strengsten Incognito auf Seitenwegen, jedes Aufsehen und alle großen
Städte meidend, nach dem Elsaß ab; General Montclar zog am 27. Sep=
tember, unter dem Vorwand einer Musterung, in der Nähe von Straß=
burg 30,000 bis 35,000 Mann zusammen; Louvois reiste am 25., unter
dem Vorwand eines Aufenthaltes in Meudon, von Fontainebleau ab, um
am 29. im Lager einzutreffen. Aber auch der König selbst setzte sich in
Bewegung. Am 27. erklärte Ludwig XIV. seinem Hofe: er werde nach
Straßburg gehen, um die Huldigung zu empfangen, welche ihm die Stadt
kraft des Nimwegischen Friedens schuldig sei. Unterm 29. erging an die
französischen Gesandten in Deutschland die Weisung, dem Reichstag und
den Höfen zu erklären; die Expedition geschehe „um den Ausspruch des
zu Breisach niedergesetzten souveränen Gerichtes zu vollstrecken, d. h. um
den Eid der Treue zu empfangen, den die Stadt den Friedensschlüssen
von Münster und Nimwegen zufolge dem König schuldig sei." Dabei
sollten sie versichern: daß es „sein aufrichtiges Bestreben sei, mit den

Ständen des Reichs in anhaltend gutem Vernehmen zu bleiben", und daß er „durchaus nicht beabsichtigte, die Waffen jenseits des Rheines hinüberzutragen."

Wie der Dieb in der Nacht schlichen sich die Räuber an ihre Beute heran. In der Nacht vom 27. zum 28. September fiel der französische Oberst von Asfeld aus einem dicht benachbarten Gehölze, worin er sich versteckt hatte, plötzlich über die Straßburger Zollschanze und über die zerstörten Rheinschanzen her, machte nach einem geringen Scharmützel die kleine Besatzung meist zu Gefangenen und besetzte alle Zugänge der Stadt. Auf diese Kunde gerieth die Stadt in die äußerste Bestürzung, von allen Thürmen ertönte die Sturmglocke, Bürgerschaft und Miliz eilten auf die Wälle, überall wurden Kanonen aufgefahren. Der Magistrat fertigte sogleich an den Kaiser eine Depesche ab, worin er um die „nöthige Hülfe" und „Sorgfalt" bat, in einer „für die Ehre des ganzen Reiches so bedeutsamen Angelegenheit", da man sich „von so ungerechtem Ueberfall keine andere Vorstellung machen könne, als daß er das Vorspiel zu einem unheilvollen Anschlag auf die Stadt selbst" sei. Der französische Resident, von der Bürgerschaft beargwöhnt und bedroht oder, wie er selbst sich ausdrückte, „der Verwegenheit und Rachsucht der Canaille ausgesetzt", wurde in seinem Hause streng bewacht und an jedem geheimen Verkehr behindert: gegen das Attentat abmahnend einzuschreiten weigerte er sich, nicht zweifelnd, daß am Ende „die Herren vom Rath, auch gegen den Willen des Volkes, die Thore öffnen" würden. Der Rath, in der äußersten Klemme und von den Regungen des allgemeinen Mißtrauens selbst bedrängt und bedroht, war genöthigt, von sich aus mit den Führern der französischen Truppen Unterhandlungen anzuknüpfen, für deren Erfolg in allen Kirchen gebetet ward.

Diese Unterhandlungen waren höchst wundersamer Art. Zunächst wandte man sich um Auskunft an Oberst Asfeld. Der erklärte: man „habe erfahren, daß eine kaiserliche Armee über den Rhein setzen wolle: da diese Gewaltthätigkeit den Rechten des Königs entgegen sei, so habe man den möglichen Folgen zuvorkommen müssen. Die Besetzung des Forts sei nur ein Act der Vorsicht von kurzer Dauer; die Straßburger möchten sich darüber nicht in ihrer Ruhe stören lassen." Auf die Vorstellung, daß „in einem Umkreis von mehr als funfzig Stunden" nicht ein einziger kaiserlicher Soldat zu finden sei, erwiderte der Oberst: er habe nur „die ihm gewordenen Befehle zu vollstrecken"; man „möge sich an General Montclar wenden."

Damit begann, am Abend des 28., das zweite Stadium. Montclar rückte schon deutlicher mit der Sprache, d. h. mit der Perfidie der Lüge und der Anmaßung hervor: „die Stadt sei durch den Westphälischen Frieden dem König überlassen worden, und der Nimwegische habe ihm das Recht an dieselbe bestätigt; obgleich der Monarch bis dahin nicht für zweckmäßig erachtet hätte, dasselbe geltend zu machen, so sei es doch jetzt seinem Interesse gemäß es zu thun, da er die unvorhergesehene Nachricht erhalten, daß kaiserliche Truppen in die Stadt und die Rheinpässe verlegt werden sollten; überdies habe die Reunionskammer zu Breisach dem König die Souveränetät über das ganze Elsaß zuerkannt, und dazu gehöre auch Straßburg.“ Hierauf verlangte er: „die Stadt solle sofort den König von Frankreich als Oberherrn anerkennen, eine Besatzung annehmen und dadurch den Schutz Sr. Majestät erlangen; durch Unterwerfung werde sie ihre Rechte und Verfassung erhalten, durch Widerstand aber sich dem Fall aussetzen, als feindlich und rebellisch behandelt zu werden.“ Die Abgeordneten appellirten an den Wortlaut des Münster'schen Friedens und an die Thatsache, daß die Stadt auch seitdem „jederzeit als souveräne Herrschaft mit Frankreich tractirt habe.“ Und nun erklärte auch der General wieder: „er habe nur die ihm gegebenen Befehle auszuführen“, und wies sie an den Minister Louvois, der „am folgenden Tage anlangen werde.“

So trat denn mit dem 29. das dritte Stadium ein. Louvois sprach zu den Abgeordneten der Stadt im Wesentlichen wie Montclar, nur noch bündiger und derber; und auf die erneuten Gegenvorstellungen stimmte auch er, nur in barscherer Weise, das alte Lied an: „er sei nur gekommen, um den Willen seines Königs und Herrn zu vollziehen, nicht aber um Unterhandlungen zu pflegen; sie hätten Zeit genug zum Nachdenken gehabt; bis sieben Uhr Abends müßte die bejahende Antwort erfolgen, wo nicht — so würde die Stadt als Rebellin behandelt, erobert und ohne Schonung der Verwüstung preis gegeben werden.“

Nun war guter Rath theuer. Die Stadt, von 40,000 Franzosen umlagert, konnte von keiner Seite her, am wenigsten von Kaiser und Reich, eine rechtzeitige Hülfe erwarten; jede Communication über die Mauern wie durch die Thore und Ausgänge war ihr dergestalt abgeschnitten, daß selbst der erhoffte Zuzug der Landbewohner eine Unmöglichkeit ward. Alle Hülferufe, die man in Gestalt von Depeschen an den Frankfurter Congreß, den Regensburger Reichstag u. s. w. entsandte, wurden von den Franzosen aufgefangen. Die eigene Wehrkraft der Stadt, nachdem sie auf

Verlangen Frankreichs die Schweizer abgedankt, war äußerst gering. Es waren nicht weniger als 14 Bastionen zu vertheidigen; und doch bestand die Miliz nur aus 800 Mann, wovon kaum 500 kriegstüchtig waren; die Bürgerschaft, zuvor schon durch Krankheiten gelichtet und gerade damals durch ein hitziges Fieber heimgesucht, das namentlich unter den Männern von 20 bis 40 Jahren wüthete, vermochte höchstens 3000 Waffenfähige aufzustellen. Unter solchen Umständen glaubte der Rath „kein anderes Mittel" zu sehen, als sich „dem Willen Gottes zu unterwerfen und die Bedingungen anzunehmen." Die französischen Zumuthungen wurden den 300 Schöffen und den Zunftältesten, dann der Bürgerschaft mitgetheilt. Diese trat zur Berathung in ihren Zünften und Gilden zusammen; von ihrem Ausgang hing die Entscheidung ab. Daher entfaltete jetzt der kaiser= liche Resident, Freiherr von Neveu, eine ungemeine Thätigkeit, um überall den Muth zum Widerstande anzuspornen; und obwohl seine Verkündung naher Reichshülfe allerdings wenig Glauben fand: so war doch die Mehr= zahl der Bewohner zu kräftiger Ausdauer so lange bereit, bis sie sich vom Verrathe überrascht, umgarnt und gefangen sah. Diesen Verrath stellt zwar Strobel in Abrede; aber er vermag doch z. B. nicht zu läugnen, daß Günzer, der die Unterhandlungen vorzugsweise leitete, von Louvois ein Geschenk von 50,000 Gulden erhalten hatte.

Schon um 5 Uhr Abends am 29. September hatte sich im Rathe die Mehrheit für Unterwerfung erklärt. Der französische Resident wurde von diesem Entschlusse alsbald unterrichtet und Louvois, der wohlweislich die Bedenkzeit schon bis zum Morgen des folgenden Tages verlängert hatte, um Verzug bis zum Mittag des 30. vom Rathe angegangen, weil — wie es in dem Gesuche hieß — „unsere demokratische Regierungsform nicht gestattet, einen so folgenreichen Beschluß ohne Theilnahme der ganzen Bürgerschaft zu fassen, welche wir übrigens, unserer Ew. Excellenz bekannten Gesinnung günstig zu stimmen, alle Anstrengun= gen aufbieten werden." So fiel denn am Vormittag des 30. die Ent= scheidung. Die Bürgerschaft, die rath= und führerlos dastand, der jede Hoffnung auf äußere Hülfe fern lag oder geflissentlich ausgeredet ward, fügte sich am Ende, wenn auch wider Willen und mürrisch oder ergrimmt; nur die Schneiderinnung verwarf jeden Vergleich und wollte sich bis zum Tode vertheidigen.

Gemäß der Capitulation, welche die Uebergabe der Stadt und damit den Verlust ihrer bisherigen Unabhängigkeit sowie ihre Lostrennung vom deutschen Reiche sanctionirte, erkannte die „Stadt Straßburg" nach dem

„Beispiele des Herrn Bischofs von Straßburg" den Beherrscher Frank=
reichs als „ihren souveränen König und Schutzherrn" an. Ihre
„sämmtlichen alten Privilegien, Rechte, Statuten und Gewohnheiten,
kirchliche wie politische", wurden zwar „bestätigt", aber ohne die
Absicht sich dadurch für gebunden zu erachten. Ebenso wurde zwar die
„freie Religionsübung, wie sie seit 1624 bestanden bei allen Kirchen und
Schulen", sowie die Zurückweisung aller „Ansprüche auf kirchliche Güter
und Stiftungen" zugestanden; aber von vornherein mit dem Vorbehalt,
daß das „Münster" sofort wieder „den Katholiken eingeräumt" werde.

Noch am Nachmittag des 30. September wurde die Stadt von 15,000
Franzosen besetzt und ohne Verzug der Bau einer — Citadelle und mehrerer
Kasernen in Angriff genommen. Am 3. October bestätigte Ludwig XIV.
zu Vitry die Capitulation, indem er „auf sein königliches Wort" gelobte,
daß dieselbe „buchstäblich solle befolgt werden." Am 4. ließ Montclar
den Rath der „königlichen" Stadt Straßburg „dem König, ihrem obersten
Herrn und Gebieter, Treue und Gehorsam" schwören, und geloben „nie
etwas zu thun noch zu erlauben, was gegen seine Dienste und Interessen
sei, und mit seinen Feinden kein verderbliches Einverständniß zu halten."
Die Eidesformel wurde nicht etwa in deutscher, sondern in französischer
und lateinischer Sprache vorgelesen. Am 12. mußte das Münster den
Katholiken übergeben werden. Der Bischof Egon von Fürstenberg hatte
diese Uebergabe und die Wiederverlegung der bischöflichen Residenz von
Zabern nach Straßburg beim König erwirkt, sowie endlich auch das außer=
ordentliche triumphatorische Gepränge seiner Rückkehr. Am 20 hielt er
unter Kanonendonner mit seiner gesammten Klerisei einen feierlichen Ein=
zug; Ehrenwachen mußten ihn eskortiren, die Obrigkeiten ihn beglück=
wünschen. Drei Tage später hielt der König selbst mit dem Pompe eines
Siegers seinen Einzug. Am Portal des Münsters begrüßte ihn am Morgen
des 24. der Bischof mit den Worten: „Nachdem ich durch den Arm Ew.
Majestät in den Besitz dieser Kirche wieder eingesetzt bin, aus welcher die
Gewaltthätigkeit der Ketzer meine Vorgänger vertrieben hat, kann ich
wohl mit dem alten Simeon sagen: Herr, nun lässest du deinen Diener in
Frieden fahren, denn meine Augen haben deinen Heiland gesehen." Er
schloß mit der Versicherung: „Nie werden wir aufhören, als die gehor=
samsten und treuesten Knechte und Unterthanen unsere Gebete gen Himmel
zu senden, daß es der Allmacht gefalle Ew. Majestät mit Glück und Segen
zu überströmen." Zum Danke erließ der König sofort den Befehl, daß
während seines Aufenthaltes „kein Protestant das Münster betreten dürfe."

Der Veräther Güntzer wurde zur Belohnung oder, wie es ausdrücklich hieß, „in Betracht des großen Eifers für den königlichen Dienst und das allgemeine Beste der Stadt", den er „bei Gelegenheit der Unterwerfung der Stadt unter den Gehorsam des Königs bewiesen", zum königlichen Syndicus und Kanzleichef eingesetzt. Wenige Monate später waren, nächst der Citadelle und anderen Vertheidigungswerken, zwei kleine Festungen innerhalb der Stadt beendigt, deren unverholene „Bestimmung" es war: „die Stadt im Gehorsam zu erhalten." Und zugleich erging an die Bürgerschaft „wegen einiger freier Reden" der scharfe Befehl „ihre Gewehre abzuliefern."

Die Bestürzung, welche der Raub Straßburgs mitten im Frieden überall im Reich und in Europa hervorrief, war so gewaltig, daß sie kaum noch erhöht werden konnte durch die Kunde: am gleichen Tage, am 30. September 1681, hätten auch die Franzosen in Oberitalien die zum Reichslehn Montferrat gehörige Festung Casale besetzt auf Grund eines Abkommens mit dem Herzog von Mantua. Es mußte einleuchten, daß die Wegnahme Casale's den französischen Waffen ebenso den Weg zur Herrschaft über Italien bahnen sollte, wie die Wegnahme Straßburgs den Weg zur Beherrschung Deutschlands.

Und nach solchen Gewaltthaten wagte dennoch Frankreich zu Regensburg und zu Frankfurt die unverschämte Erklärung abzugeben: „wenn Kaiser und Reich auf das bisher von Frankreich in Besitz Genommene feierlich verzichte, so wollte der König von sonstiger Geltendmachung seiner Rechte, obwohl sich dieselben noch viel weiter erstreckten, abstehen und sich um des Friedens willen mit Straßburg und den bereits besetzten Plätzen begnügen." Dabei war man bemüht, die Uebergabe Straßburgs als einen friedlichen und freiwilligen Act darzustellen, trotz des gewaltsamen Ueberfalls der Zollschanze; die französischen Diplomaten in Deutschland erhielten von Louvois zu dem Ende die perfide Anweisung: „auf die geeignetste Weise den Verdacht rege zu machen, als wäre der Angriff auf die Redoute vorher mit der städtischen Behörde verabredet worden, da dieselbe einen Vorwand gewünscht habe, um den gemeinen Pöbel zur Unterwerfung zu bewegen." Der Hauptfactor der Berechnung dem Reichstag gegenüber war indeß der Umstand, daß es sich um eine „vollbrachte Thatsache" handle. „Alle Berathungen — schrieb Verjüs spöttisch am 9. October aus Regensburg an Louvois — sind unterbrochen; denn die Gesandten suchen Zeit zum Athemholen und machen ihrem Aerger Luft durch Worte — bis die Rescripte vom Kaiser kommen, die ich im Voraus

bei dem Stand der Dinge nicht für hitzig erachte, sowie die Verhaltungs-
befehle ihrer Herren, von denen ich hoffe, daß der größere Theil die Sachen
eben gehen lassen wird wie sie gehen ... Ich zweifle, daß die Beschlüsse
hier allzu schnell, noch allzu energisch sein werden; ich glaube vielmehr,
daß ein Ereigniß, welches drei große Provinzen oder richtiger gesagt, das
ganze französische Reich gegen alle Feinde sicherstellt und fest
macht, während es drei hauptsächliche Provinzen des deutschen Reichs
den Waffen des Königs öffnet und preis giebt, geeigneter ist in
Deutschland ruhige Betrachtungen einzuflößen, als unbesonnene Entschlüsse
hervorzurufen."

Leider gingen die französischen Voraussetzungen im vollsten Maße in
Erfüllung; in Deutschland wurde räsonnirt, aber nichts gethan. Die
französischen Berichte selbst konnten nicht genug von dem allgemeinen
„Unwillen der Deutschen" melden; „alle Welt" sei „bestürzt", und „alle
Welt" sage: „Dies sei ein Wagenrad, worauf man in das Reich rollen
werde", und „jetzt sei die Thür zum Elsaß geschlossen." Es fehlte nicht
an den heftigsten Ausfällen der Satyre auf Ludwig XIV. Ein charakteri-
stisches Zeichen der öffentlichen Meinung war ein Epigramm von Hof-
mannswaldau, des Inhalts:

> Ihr Deutschen, saget doch zu euern Nachbarn nicht,
> Daß Frankreichs Ludewig den Frieden mit euch bricht,
> Indem er Straßburg nimmt. Er spricht: es ist erlogen;
> Ich hab' euch nicht bekriegt, ich hab' euch nur betrogen.

Auch in Frankfurt und Regensburg kam man nicht über Worte hinaus.
Der Congreß, der bis zum Straßburger Attentate nicht um einen Schritt
vorwärts gekommen, gerieth nun vollends in Stagnation; seine Resultate
waren nur negativer Art; die Straßburger Frage beschloß man, nach
vielem Hin- und Herreden, im November — an den Reichstag zu übergeben; aber auch im Uebrigen wurde die Thätigkeit des Congresses noch
bis in den März 1682 durch bloße Ceremoniellfragen gelähmt. Frankreich
und Oesterreich klagten sich darüber gegenseitig an, als ob jeder Theil
„nur Zeit zu Rüstungen gewinnen wolle." Am Ende zerschlugen sich die
Verhandlungen ganz, indem der französische Gesandte am 3. December
Frankfurt verließ.

Der Reichstag seinerseits hatte zwar den ganzen Sommer 1681 über
das „Reichsdefensionswesen" berathen und schließlich gutachtlich den Anschlag zu einer Reichsarmee von 40,000 Mann aufgestellt. Aber erst
14 Tage nach dem Raube Straßburgs war das Gutachten vom Kaiser

bestätigt worden.   Und dabei verblieb es denn auch; zu einer wirklichen Anstrengung, zu einer vergeltenden That, zu einer Bestrafung des Frevels vermochte man sich nicht zu ermannen.   Die wichtige Hemmung ging von Wien aus.

Der Kaiser ließ sich fortwährend durch den Türkenkrieg in Ungarn von den deutschen Angelegenheiten abziehen.   Wohl riethen ihm „alle eifrigen Vaterlandsfreunde", rasch mit der Pforte Frieden zu schließen und seine ganze Kraft gegen die Franzosen zu wenden.   Allein die Jesuiten, die es durchaus als die wichtigste Aufgabe ansahen, auch in Ungarn wie anderwärts den Protestantismus auszurotten, und auch in diesem Lande wie zuvor schon in Böhmen ihre unumschränkte Herrschaft wiederherzustellen, widersetzten sich mit allen Mitteln und mit Erfolg diesen Rathschlägen.

Andrerseits nahm diesmal aber auch der große Kurfürst von Branden=burg, der mächtigste unter den Reichsständen, den Forderungen des deutschen Patriotismus gegenüber eine abweisende Haltung an.   Nicht daß er die Erbitterung über das Straßburger Attentat nicht in vollem Maße ge=theilt hätte! Aber einmal hatte sich in ihm noch nicht der tiefe Groll über den Schimpf des Nimweger Friedens gelegt, der ihn aus dem schwer und blutig errungenen Pommern wieder hinausdiplomatisirt hatte, damit nur ja nicht die schwedische Fremdherrschaft in Deutschland beeinträchtigt werde; ferner knüpfte sich eben an diese Thatsache die Befürchtung, daß bei der zum Symbol gewordenen Uneinigkeit Deutschlands auch eine abermalige Anstrengung gegen Frankreich schwerlich zum erwünschten Ziel, sondern nur neuerdings zu einem schmachvollen, den Raub sanctionirenden Frieden führen dürfte; und endlich sah auch er, mit Recht, die Beendigung des Türkenkrieges als die unerläßliche Vorbedingung an, um einen neuen Krieg gegen Frankreich überhaupt nur mit einiger Hoffnung auf Erfolg unternehmen zu können.   So beschränkte er sich denn in Verbindung mit anderen Reichsständen auf die Rolle einer dilatorischen Vermittlung. Und in der That verpflichtete sich ihm gegenüber Ludwig XIV. am 22. Januar 1682: „weitere Reunionen einzustellen und nicht zu den Waffen zu greifen, so lange Aussicht zu einer friedlichen Ausgleichung vorhanden sei."   Dergestalt blieben zwar die Rechte Deutschlands vorbehalten.   Aber freilich war auch auf diesem Wege der Vermittlung weder eine Wieder=gewinnung Straßburgs noch eine Kräftigung Deutschlands abzusehen; dagegen bot er der Politik Frankreichs einen neuen Vorwand, um unter den Reichsständen Mißtrauen zu säen und die Einen den Andern zu ver=dächtigen.

Hiernach blieben die Bündnisse, die auf Betrieb Wilhelms von Oranien seit dem 10. October 1681 abgeschlossen wurden, ohne alle Wirksamkeit; und auch der formelle Beitritt des Kaisers im folgenden Jahre vermochte ihnen keine praktische Bedeutung zu verleihen. Nahm doch gerade jetzt, gestachelt durch Frankreich, die Kriegslust der Türken einen erhöhten, alle Kräfte Mitteleuropa's absorbirenden Aufschwung! Im Juli 1683 unternahmen sie sogar jene weltberühmte Belagerung Wiens, die alle Sympathien Deutschlands und Europa's für Oesterreich wach rief, und deren für die Türken so kläglicher Ausgang nur am französischen Hofe ein schlechtverhehltes Aergerniß erweckte. Ludwigs Speculation auf den Untergang der österreichischen Macht, und auf den Erwerb der Kaiserkrone für seinen eigenen Sohn, ging damit in Trümmer. Seinen Mißmuth ließ er neuerdings am Reiche aus.

Die Verhandlungen über Straßburg und die übrigen Reunionen schleppten sich seit ihrer Verlegung von Frankfurt nach Regensburg in dem alten Schlendrian erfolglos fort. Ludwig leugnete nach wie vor alle Eroberungsgelüste ab, schlug bald eine Grenzregulirung, bald einen „Waffenstillstand" vor, obgleich man gar nicht in einem gegenseitigen Kriegsstande begriffen war, und wiederholte immer von Neuem: daß er großmüthig auf weitere Reunionen verzichten wolle, wenn man die bisherigen anerkenne. Sowohl das kurfürstliche Collegium wie das fürstliche waren getheilter Meinung; doch hatte die Partei der Nachgiebigkeit in jenem die Mehrheit, in diesem nur die Minderheit für sich. Während der Zerwürfnisse, die darüber entstanden, und zur Zeit der Belagerung Wiens, stellte Ludwig XIV., die Bedrängniß benutzend, im Juli 1683 zur Annahme seiner Bedingungen eines „30jährigen Waffenstillstandes" eine Präclusivfrist bis zum Ende des nächsten Monats; und als sie abgelaufen, begann er von Neuem seine Reunionen. Mit dem November überfielen seine Heere plötzlich die spanischen Niederlande, und ergossen sich alsbald auch in das Luxemburgische und in das Erzbisthum Trier; die Stadt Luxemburg, von 6000 Bomben beschossen, mußte sich am 4. Juni, die Stadt Trier am 15. Juni 1684 ergeben.

Dieser Ueberfall hatte Spanien factisch zum Kriege gezwungen. Wilhelm von Oranien war empört; er suchte die Republik, die ganze Welt zur Kriegserklärung gegen das französische Raubheldenthum zu bestimmen. Gleich im Beginn der neuen Krise bestürmte er den großen Kurfürsten von Brandenburg mit den eindringlichsten Vorstellungen, welche der Eifer mit ungerechter Bitterkeit versetzte: „der Kurfüst möge erwägen, wohin es

4

mit ihm selbst kommen werde; schwerlich würde seine enge Freundschaft mit Frankreich ihm größere Vortheile bringen, als dem Schweden, dem Bayer und dem Braunschweiger die ihrige gebracht. Zu nichts von Allem, was Frankreich seit dem Nimweger Frieden an sich gerissen, habe es ein Recht. Man müsse blind sein, wenn man nicht einsehe, daß der Beherrscher Frankreichs nach einer allgemeinen Herrschaft über Europa trachte. Fiele der Kampf auch unglücklich aus: so sei es doch rühmlicher, mit den Waffen in der Hand zu fallen, als den schmählichen Gewaltstreichen der Franzosen ruhig zuzusehen." Und auch der Rathspensionär Fagel meinte: „Besser, tausendmal umkommen, als den Gewaltthaten des unmenschlichsten aller Menschen sich ausgesetzt zu sehen! besser, auf dem rechten von Gott gebilligten Wege sterben, als bei Unterstützung einer vom Teufel gebilligten Sache!"

Oranien's Zorngluth war berechtigt, nicht aber seine Vorwürfe gegen den großen Kurfürsten. Von einer „engen Freundschaft mit Frankreich" konnte nicht die Rede sein. Aber die Politik des Kurfürsten folgte nicht der Leidenschaft, sondern der Ueberlegung. Trotz seines ebenso großen Unwillens, konnte und durfte er doch nicht die schlimmen Erfahrungen der Vergangenheit vergessen und die Vorsicht bei Seite setzen. Er, der einzig wahrhafte Fürst in Deutschland, war doch nicht allein im Stande, es mit Frankreich aufzunehmen; auf Reichsstände war kein Verlaß, weder in politischer noch in militärischer Beziehung; die Reichsarmee stand nur auf dem Papier; ihm selbst waren überdies, durch die habsburgische Politik des Kaisers, die Schweden in die Rippen und auf den Nacken gesetzt, um ihn an jeder freien Bewegung zu hindern. Dennoch wäre er bereit gewesen den Kampf aufzunehmen, wenn es im Verein mit dem Kaiser hätte geschehen können; aber — dabei blieb der Kurfürst stehen — „so lange der Kaiser nicht Frieden mit den Türken schließe, könne man nichts thun; sonst laufe das Reich Gefahr, gerade von Oesterreich her im Stich gelassen zu werden."

Seine Vorsicht war nur allzu begründet. Die Apathie war so allgemein und so unüberwindlich, daß Oranien nicht einmal seine eigenen Landsleute zum Krieg zu bestimmen vermochte. Vielmehr schlossen die Generalstaaten der Republik, statt den Krieg zu erklären, am 29. Juli 1684 unter allerhand Ausflüchten mit Frankreich einen 20jährigen Stillstand; dem deutschen Reiche wurde zum Anschluß eine Monatsfrist gestellt.

Der Reichstag fügte sich. Und so kam denn am 15. August auch für Kaiser und Reich ein 20jähriger Stillstand mit Frankreich zum Abschluß;

während desselben und bis zur Herstellung eines definitiven Friedens sollte Frankreich ungestört im thatsächlichen Besitze Straßburgs und der Kehler-schanze sowie derjenigen Erwerbungen verbleiben, die ihm die Reunions-kammern bis zum 1. August 1681 zugesprochen hatten; alles Uebrige sollte zurückgegeben und auch, während des Stillstandes, kein weiterer Anspruch auf Reichslande erhoben werden. Das war das klägliche Ende des soge-nannten „Reunionskrieges", der in Wahrheit kein Krieg, sondern eine Räuberei mitten im Frieden war.

Die französische Politik war nicht angethan, Verträge zu achten; mit Worten, mit den heiligsten Versprechungen und Gelöbnissen, mit den ver-brieftesten Stipulationen trieb sie nur ein schmähliches Spiel. Wie die Friedensschlüsse zu Münster und Nimwegen, wie die besonderen Ueberein-künfte mit den erworbenen Landestheilen und Ortschaften, wie die zahllosen freiwilligen und besiegelten Zusicherungen des Königs: so hatte auch noch der eben geschlossene Stillstandsvertrag allen reunirten Orten ausdrücklich die „freie Religionsübung" verbürgt. Nichts desto weniger scheute sich die französische Regierung nicht, in religiösen Dingen sofort diesem Vertrage und allen früheren Gelöbnissen diametral entgegen zu handeln. Am 22. October 1685 wurde das Edict von Nantes aufgehoben, und alsbald be-gannen überall jene scheußlichen Verfolgungen der Protestanten, die ihrer Freiheiten, ihres Bürgerrechts, ja ihrer Subsistenz beraubt, und durch die Dragonaden in den Schooß der katholischen Kirche oder als Flüchtlinge in das Ausland getrieben wurden.

Auch in Straßburg wurde, der Capitulation und den feierlichsten Betheuerungen zum Hohn, der Gottesdienst der Protestanten auf jede Weise behindert; man nahm ihnen ohne Weiteres die Kirchen weg, und zwang sie durch Chicanen, Drohungen und Verfolgungen der unbarm-herzigsten Art, ihren Glauben abzuschwören; die Rechte und Privilegien der Stadt sanken zu einer leeren Formel herab; der blanke Despotismus nahm von ihr wie vom übrigen Frankreich Besitz.

Diese Unbilden, gegen die jetzt namentlich der Kurfürst von Branden-burg auf das Energischste protestirte, rief eine tiefe, kriegerische Entrüstung in Deutschland hervor. Dazu gab eben damals die Beseitigung der Türken-gefahr dem Kaiser freiere Hand und den Ständen größere Zuversicht auf Erfolg. Als daher Ludwig XIV. mit gewohntem Uebermuthe seinen dritten Eroberungskrieg unternahm, faßte am 14. Februar 1689 der Regensburger Reichstag den kräftigen Beschluß: den König von Frankreich für einen „Reichsfeind" zu erklären und „mit Verwerfung aller Ein-

flüsterungen, mit rechtschaffener, einmüthiger und unzertrennlicher Zu=
sammensetzung aller Macht dem gemeinsamen Feind entgegen zu gehen,
das Occupirte zu retten und in den alten verfassungsmäßigen Stand zu
setzen, und keine Neutralität oder Correspondenz mit dem Feinde zu ge=
statten." Der große Kurfürst von Brandenburg hatte den Ausbruch des
Krieges nicht mehr erlebt; aber sein Nachfolger Friedrich III. beharrte
auf der Bahn seines Vaters und stellte gegen 40,000 Mann ins Feld. War
man doch diesmal mehr denn je zuvor berechtigt, auf eine nachdrückliche
Action, auf ein festes Zusammenhalten, und demnach auf ein glückliches
Ergebniß zu rechnen. Aber dennoch wurden diese Aussichten betrogen und
die trüben Auffassungen des großen Kurfürsten von der völligen Verkom=
menheit und Impotenz des Reiches bestätigt. Auf den Verlauf der Kämpfe
gehen wir nicht ein; wir erinnern nur daran, daß eine ihrer ersten und
scheußlichsten Episoden die von Louvois angeordnete und von Melac voll=
zogene „Niederbrennung der Pfalz" war. Noch mehr als acht Jahre
wüthete der Krieg; alle Theile erlahmten, den deutschen Fürsten ging ihr
anfänglicher Kriegseifer neuerdings über inneren Zänkereien verloren,
und zudem hatte der Kaiser fast alle seine Streitkräfte, statt auf die Unter=
stützung des Reiches, alsbald wieder auf den Türkenkrieg verwandt, der
für ihn einen größeren Reiz und ein näheres Interesse hatte. Als vollends
endlich die auswärtigen Bundesgenossen: Holland, England und Spanien
abfielen und im September 1697 zu Ryswick den Frieden unterzeichneten:
da sah sich das Reich, trotz aller Klagen über die Treulosigkeit seiner
Alliirten, auf den Stand der Dinge vor dem Kriege zurückgedrängt, isolirt
und am 30. October ebenfalls zum Friedensabschluß genöthigt.

Der Vertrag sanctionirte nunmehr in der That Vieles, was bis=
her nur rechtswidrige Thatsache gewesen; er erkannte die volle Ober=
herrschaft der Krone Frankreich über das gesammte Elsaß an, und setzte in
Bezug auf Straßburg noch besonders und ausdrücklich fest, daß die Stadt
mit ihrem ganzen auf dem linken Rheinufer liegenden Gebiete und sammt
allen Rechten, die das Reich zuvor auf sie gehabt, der französischen Mon=
archie verbleiben solle. Dagegen versprach allerdings Ludwig XIV. das
Fort Kehl, Freiburg, Breisach und Philippsburg zurückzugeben, nebst allem
was außerhalb des Elsaßes reunirt worden, auch fortan auf weitere
Reunionen zu verzichten, und überdies den Herzog von Lothringen —
sowie den Pfalzgrafen von Zweibrücken — in seine Staaten wieder ein=
zusetzen. Das letztere Zugeständniß durfte insbesondere als wichtig er=
scheinen. Allein Ludwig calculirte, daß damit die Vergrößerung Frank=

reichs nach dieser Seite hin nur aufgeschoben, nicht aufgehoben sei; für jetzt aber ersehnte er selbst einige Friedensjahre, um sich auf einen neuen Weltkrieg und auf noch größere Erwerbungen, auf die spanische Erbfolge, vorzubereiten. Und im Uebrigen wußte er seine Zugeständnisse noch im letzten Augenblicke, wenigstens für alle evangelischen Reichsstände, auf das Bitterste zu vergällen.

In der Nacht vor der Unterzeichnung nämlich wurde von den fran= zösischen Gesandten nachträglich die Clausel in den Vertrag eingeschmug= gelt: daß die katholische Religion an den zurückgegebenen Orten in dem dermaligen Zustand bleiben solle. Diese Clausel war von weittragender Bedeutung. Denn Ludwig hatte inzwischen allen reunirten und occupirten Ortschaften, ungeachtet die meisten dem Protestantismus anhingen, dem Regensburger Stillstandsvertrage entgegen, gleichmäßig und unerbittlich den katholischen Cultus aufgezwungen. Wo nur irgend einmal ein katho= lischer Feldprediger Messe gelesen, da sollte also fortan der Katholicismus zu Recht bestehen. Das spätere Verzeichniß der Ortschaften, die dergestalt — wenn nicht dem Reiche so doch wenigstens — dem Protestantismus geraubt zu werden bestimmt waren, umfaßte nicht weniger als 1922 Nummern. Die Gesandten der evangelischen Stände waren empört über die neue Perfidie der französischen Diplomaten und erhoben nachdrückliche Einrede; der kaiserliche Gesandte aber vertröstete sie, daß Friedensstipu= lationen mit einer fremden Macht in kirchlichen Dingen nicht maßgebend sein könnten; und die katholischen Stände wollten ebenfalls nicht um deßwillen den Frieden beanstanden. Dennoch verweigerten die evan= gelischen, mit Ausnahme von dreien, ihre Unterschrift; und die Regens= burger Ratification des Ryswicker Friedensvertrages erfolgte in der That nur mit dem Zusatz: daß die katholischen Fürsten von der „dem Reiche obtrudirten Clausel" niemals gegen die Protestanten Gebrauch machen würden.

V.

Der Verlust des Herzogthums Lothringen (1735).*)

Das Herzogthum Lothringen ging dem deutschen Reiche, nachd
mehr als acht Jahrhunderte ihm angehört, im Jahre 1735 dadurc
loren, daß Oesterreich es an Frankreich abtrat, um dagegen die Erbfo
Toscana zu erwerben. Es war die äußerste deutsche Provinz im W
von Lothringen aus in die Champagne eintreten, hieß noch immer f
als „von Deutschland nach Frankreich gehen." Nur episodisch h
wir bisher der wechselreichen Geschicke des Herzogthums gedacht; jetzt
es uns ob, sie in ihrem Zusammenhange zu überblicken.

Ursprünglich ein Königreich, zerfiel Lothringen als „Reichslehen"
dem 10. Jahrhundert in zwei Herzogthümer: Ober= und Niederlothrin
Das letztere zersetzte sich schon frühzeitig, und verschmolz mit den Nach
ländern. Das andere, mit dem wir es hier zu thun haben, und d
Hauptstadt Nanzig (Nancy) war, bestand unter einer ununterbroch
Folge lothringischer Herzoge fort, die vom Kaiser belehnt, deutsche Vasa
und deutsche Reichsfürsten waren; zu demselben gehörte auch das kl
Herzogthum Bar, das zur Hälfte von Frankreich zu Lehen ging.

Schon seit der französischen Occupation der drei Bisthümer im
Jahrhundert sah sich das Herzogthum Lothringen in immer peinlic
Händel mit Frankreich, und in die Schlingen der französischen Politik
strickt. Während des dreißigjährigen Krieges wurde das Land von
Franzosen fort und fort auf das Schreckenvollste heimgesucht, und am
1634 als ein angebliches Lehen der Grafschaft Champagne
vollständig in Beschlag genommen. Der gewaltthätige und unfähige Her
zog Karl III. (IV.) ließ sich sogar im März 1641 zu einem Vertrage

*) Die gründlichste „Geschichte des Hauses Lothringen" ist noch immer die von
Gebhardi, im ersten Bande seiner Geschichte der erblichen Reichsstände.

verleiten, der ihn zwar nominell wiederherstellte, aber äußerst demüthigend war und die hinterlistige Clausel enthielt, daß der König berechtigt sei, falls der Herzog den Vertrag nicht erfülle, die Herzogthümer Lothringen und Bar mit seiner Krone zu vereinigen. Wie nun hinterher der Herzog Karl sammt seinem Bruder Franz reuig protestirte: da beeilte sich Frankreich, sofort die Länder einzuziehen. Alle Versuche der Wiedereroberung blieben vergeblich; der Westphälische Friede aber ließ, auf die Forderung Frankreichs, die lothringische Frage ganz unberührt. Erst der Pyrenäenfriede 1659 brachte sie zur Lösung, durch Spaniens Vermittelung. Der Herzog erhielt zwar Lothringen zurück; allein das Herzogthum Bar, die Grafschaft Clermont, Moyenvic, Dun, Stenay und Jametz [wurd]en mit Frankreich vereinigt. Die Befestigungen von Nanzig wurden [zerstö]rt, und dem König das Recht des freien Durchzuges nach dem Elsaß [zuge]standen. Im Februar 1661 wurde ein besonderer Vertrag zwischen [Lud]wig XIV. und dem Herzog abgeschlossen, wodurch dieser zwar auch Bar [zurü]ckerhielt, aber nur als französisches Lehen, und nur gegen die Abtre[tun]g einer Reihe von Ortschaften und eines Landstriches, der eine Heer[straß]e vom Metzer Gebiete bis nach dem Elsaß in der Breite einer halben [Me]ile bildete. Allein schon im folgenden Jahre ließ sich der elende Her[zog] wieder zu einem Vergleiche bestimmen, wonach er die Herzogthümer [an] Frankreich förmlich abzutreten versprach, freilich ohne Autorisation des Reiches. Und was erhielt er dagegen zugestanden? Erstens den [leb]enslänglichen Genuß seiner bisherigen Einkünfte, die Erlaubniß zur Erpressung von einer Million Pfunden von seinen bisherigen Unterthanen [und] dgl. mehr; zweitens die Anwartschaft auf das Thronfolgerecht in Frankreich für die lothringischen Prinzen; und drittens das Recht des Vortritts der Letzteren vor den natürlichen Kindern der französischen Könige [un]d vor allen fremden Prinzen am Pariser Hofe — eine Genugthuung fürstlicher Eitelkeit, die den Strahlenglanz der Sonnennähe höher werthete als das eigene bescheidene Leuchten. Es konnte indeß nicht fehlen, [da]ß es alsbald von hüben und drüben Proteste regnete. Und am Ende [wi]derstand auch der Herzog der neuen Zumuthung: die Abtretung seiner [Lä]nder sogleich und für die Bauschsumme von 700,000 Pfund zu vollziehen. Vielmehr suchte er jetzt den Schutz des Reiches nach, und erwirkte auch schließlich im Jahre 1663, zwar nicht eine ausdrückliche, aber doch eine indirecte Aufhebung des ganzen Erbfolgevergleichs. Die Zerwürfnisse und Chicanen dauerten indeß fort; und als der Herzog an der Errichtung eines Bündnisses mit dem Kaiser, der Republik Holland und Spanien zu

arbeiten wagte, wurde er neuerdings im August 1670, wie wir früher er=
wähnten, mitten im Frieden plötzlich von den Franzoſen überfallen, ver=
jagt und ſeiner Länder beraubt. Daß dieſer neuen Occupation ſelbſt der
Nimweger Friede von 1679 kein Ende machte, ſahen wir ebenfalls ſchon.
Indem der Kaiſer in demſelben der Krone Frankreich nicht nur die früher
ausbedungene Heerſtraße, ſondern auch noch Wege von Nanzig nach Metz,
nach Breiſach und in die Grafſchaft Burgund zugeſtand, und überdies den
Fortbeſitz der Hauptſtadt Nanzig ſelbſt ſowie Marſals, und das Recht zum
Eintauſch von Longwick (Longwy): nahm die Reſtitution eine ſo unerträg=
liche Form an, daß Karls III. Neffe und Nachfolger, Herzog Karl IV. (V.),
ſie geradezu ausſchlug und gegen den Vertrag proteſtirte.

Ludwig XIV. ließ ſich dadurch nicht irre machen; im Gegentheil ging
er nun darauf aus, für den factiſchen Beſitz eine rechtliche und dauerhafte
Grundlage zu finden. Die Reunionskammer zu Metz mußte aus den
Archiven allerlei Scheingründe zuſammenſuchen, um den geſammten Adel,
alle fürſtlichen Güter, und endlich beide Herzogthümer für Lehnſtücke
der drei lothringiſchen Bisthümer ausgeben und als ſolche mit
der Krone reuniren zu können. Anfangs gab man den einzelnen Eigen=
thümern aller liegenden Gründe auf, ihrerſeits die Rechtmäßigkeit ihres
Eigenthums nachzuweiſen; als aber dieſes Verfahren zu vielen Weitläufig=
keiten führte, machte man kurzen Proceß und erklärte am 2. Juni 1683
den Adel des freien (nichtfranzöſiſchen) Theils von Bar, und am 10. Sep=
tember alle zu den Herzogthümern gehörigen Herrſchaften und Städte als
ſolche Beſtandtheile, die den drei Bisthümern unrechtmäßig entriſſen
worden. Gleich darauf wurden Nanzig, Vaudemont, Pütlingen, Bitſch,
Commercy, Salm, Hattonchatel, Romeny, Sarwerden, Aspermont, Blan=
kenberg, Sirk und andere deutſche Reichslehen und lothringiſche Pertinenzen
ohne Weiteres der Krone Frankreich als Eigenthümerin der drei Bisthümer
zugeſprochen. Herzog Karl IV. proteſtirte zwar auch gegen dieſes Ver=
fahren und forderte den Schutz des deutſchen Reiches; aber der Reichstag
ſtatt auf thatſächliche Abhülfe bedacht zu ſein, grübelte nur über juridiſchen
Deductionen zur Widerlegung des franzöſiſchen Verfahrens.

Erſt der dritte Coalitionskrieg, oder vielmehr die durch andere Vor=
theile bedingte und für zukünftige Chancen berechnete Nachgiebigkeit Lud=
wigs XIV. im Ryswicker Frieden, brachte eine weſentliche Abhülfe. Der
Sohn Karls IV., Herzog Leopold, erhielt 1697 kraft des gedachten Frie=
densvertrages den freien und vollſtändigen Beſitz der Herzogthümer, wie
ſie ſein Großoheim 1670 inne gehabt, zurück. Die franzöſiſchen Reunionen

wurden stillschweigend aufgehoben, nur Sarlouis und das Amt Longwick sollten dem König verbleiben, und auch das nur gegen ein Aequivalent in einem der drei Bisthümer; selbst die drei großen Heerstraßen wurden wieder abgetreten und blos das Recht des Durchzugs vorbehalten.

Allein der Besitz war kein sicherer. Nicht nur wurden französischerseits die Friedensartikel nicht redlich ausgeführt, so daß Frankreich mehr zurückbehielt als ihm gebührte, sondern es tauchte auch schon im Jahre 1700 mit Rücksicht auf die spanische Erbfolge, und zwar von Seiten Englands und Hollands, der Plan zu einer Vertauschung Lothringens mit einem italienischen Fürstenthume auf, wonach jenes an Frankreich fallen und der Herzog zur Entschädigung Mailand erhalten sollte. Diese Combination wurde zwar alsbald durch den spanischen Erbfolgekrieg vereitelt; die Lüsternheit des französischen Hofes nach dem Besitz der Herzogthümer war indeß so groß, daß er 1702 den Versuch machte, sie von ihrem Inhaber für drei Millionen Pfund Rente zu kaufen. Da der Herzog sich weigerte, so schlug der König einen perfideren Weg ein. Herzog Leopold bemühte sich, die strengste Neutralität zu beobachten, aus Besorgniß vor der französischen Ländergier. Allein vergeblich. Denn kaum hatten 1703 einige leichte kaiserliche Haufen sich eine Verletzung der Neutralität zu Schulden kommen lassen, als Ludwig XIV. dies augenblicklich zum Vorwand nahm, um sich der Städte Nanzig, Homburg, Bitsch und anderer ohne alle Umstände neuerdings zu bemächtigen. Dennoch wußte sich Herzog Leopold durch Vorsicht bis zu seinem Tode im März 1729 zu behaupten, und zugleich das Land — das ihm als „Einöde" von den Franzosen überliefert worden — in mannigfacher Weise zu heben.

Seinem Sohn und Nachfolger dagegen, Franz Stephan, dem nachmaligen Kaiser Franz I., sollte das traurige Geschick zufallen, den schließlichen Verlust Lothringens für sein Haus wie für Deutschland zu erleben und selbst zu besiegeln. Geboren 1708, war er seit 1723 am Wiener Hof erzogen worden, unter den Augen des Kaisers Karl VI., der ihn schon damals zum Gemahl seiner Tochter Maria Theresia auserkohr. Im November 1729 trat er zur Luneville in seinen Erbstaaten die Regierung an; Bar nahm er am 1. Februar 1730 persönlich in Paris, die kaiserlichen Lehnstücke am 2. Juli in Wien zu Lehen. Aber schon zu Anfang des folgenden Jahres übertrug er seiner Mutter die Regierung, besuchte eine Reihe von Höfen und kehrte nach Wien zurück, wo er im Mai 1732 zum Statthalter in Ungarn ernannt wurde. Da trat für die Geschichte Lothringens die entscheidende Krisis ein.

Den Ausgangspunkt bildete die polnische Königswahl im Jahre 1733. Frankreich begünstigte als Throncandidaten den früheren verdrängten König Stanislaus Leszinsky, den Schwiegervater Ludwigs des XV.; der Kaiser dagegen den Kurfürsten von Sachsen, August III. Als der Letztere bei der Königswahl am 5. October obsiegte, erklärte sofort Frankreich in Verbindung mit Spanien und Sardinien dem Kaiser den Krieg. Das französische Manifest vom 10. October verkündete unumwunden: daß der „Schimpf", den der Kaiser dem Könige von Frankreich in der Person seines Schwiegervaters zugefügt, „Rache fordere". Oesterreich wurde angeklagt: es habe sich zum „Protector" Polens aufwerfen und „die polnische Nation zur Sklavin" machen wollen. An die deutschen Reichsstände richtete Frankreich am 14. October eine Aufforderung, sich neutral zu verhalten. Es sei, hieß es darin, des Königs „Verlangen und Wille, den Frieden mit dem deutschen Corpus aufrecht zu erhalten und ihn so lange zu beobachten als er dasselbe als einen Freund werde ansehen können; und obgleich Se. Maj. die Festung Kehl angreifen müsse, um sich dadurch einen sicheren Paß über den Rhein zu verschaffen, so geschehe das doch aus keiner bösen Absicht gegen das deutsche Corpus, dessen Interesse dem König theuer sei, wie er bei vielen Gelegenheiten bewiesen; er wolle keinem Gliede desselben übel, wolle vielmehr durch Wegnahme des Passes über den Rhein sich in den Stand setzen, denjenigen deutschen Fürsten Beistand zu leisten, die der Kaiser seinen Sonderzwecken behülflich zu sein zwingen wolle. Se. Maj. seien mit dem, was sie besitzen, zufrieden, und weit entfernt, sich durch das Glück ihrer Waffen zur Erweiterung Ihrer Grenze verleiten zu lassen. Der König trage kein Bedenken, feierlich zu erklären: daß er durchaus nicht die Absicht habe, Eroberungen zu machen oder Plätze zu behalten. Er werde nichts versäumen, wodurch die deutschen Fürsten mehr und mehr erkennen möchten, wie sehr er verlange, ein gutes Verständniß mit ihnen beizubehalten." Der Hauptköder war die Versicherung: daß er „nur mit dem Kaiser" Krieg führen, den „Frieden mit dem Reiche" aber nicht verletzen wolle, und alle Stände, die neutral bleiben würden, als seine Freunde ansehen werde.

Allein mit diesen Versicherungen stand schon der angekündigte Angriff auf die Reichsfestung Kehl im seltsamsten Widerspruch; noch mehr aber die Eröffnung des Krieges selbst. Drei französische Heere rückten ins Feld. Während das eine unter Villars in Italien einfiel, um sich mit den Truppen des Königs Karl Emanuel von Sardinien zu vereinigen, war ein zweites unter Berwick schon am 12. October über den Oberrhein gegangen und berannte nun wirklich die Reichsfestung Kehl, die sich am 29. ergab. Aber noch mehr! ein drittes Armeecorps — wer hätte diese Unverschämtheit für möglich halten sollen — brach ebenfalls noch vor dem Neutralitätsmanifest, in offenster Verhöhnung desselben und zum Schimpf für das Reich, in das Herzogthum Lothringen ein. Denn grundsätzlich war von allen Mächten dem Herzog von Lothringen die Neutralität für seine Erbstaaten verbürgt worden. Wie aber dennoch Frankreich schon im April Heulieferungen daselbst eingetrieben hatte, so nahm es auch jetzt keinen Anstand, zunächst am 13. October die Hauptstadt Nanzig zu besetzen, und alsbald des ganzen Herzogthums sich zu bemächtigen, um es nach Herzenslust zu brandschatzen. Der Herzogin Regentin wurde es gnädigst gestattet, in ihrem Lande und zwar in Luneville zu verbleiben; sie zog es indessen vor, sich nach Luxemburg zu begeben. Ihr Sohn, der Herzog Franz Stephan, wurde nun zwar französischerseits peremptorisch zur Rückkehr in seine Staaten aufgefordert; allein er weigerte sich, den kaiserlichen Hof zu verlassen und sich in die Gewalt der Franzosen zu begeben.

Unter solchen Umständen ermannten sich die deutschen Fürsten; im Februar 1734 wurde der Reichskrieg gegen Frankreich und Sardinien sowie gegen deren Bundesgenossen beschlossen. Der Kaiser in seiner Hülfsforderung an den Reichstag beklagte sich namentlich über den Angriff auf die „italienischen Reichslande und Lehen"; der „Beitritt des Königs von Sardinien laufe gegen Alles was unter den Menschen heilig"; derselbe habe damit als Herzog von Savoyen „die kaum beschworene Lehenspflicht schnöd übertreten"; der „deutschen Reichswesenheit und Freiheit" drohe aller Orten Gefahr; auch zeige „die Erfahrung früherer Zeiten, von welchem Gehalt die beim Anfang gewöhnlich leeren Vorwände Frankreichs und sein friedlich scheinendes süßes Wortgepränge am Ende zu sein pflegen"; die „verborgene Absicht" Frankreichs sei „gegen das Reich insgesammt, mithin gegen einen jeden Reichsstand insbesondere" gerichtet. In hohem Grade auffallend war, daß dieses sogenannte „kaiserliche Commissionsdecret" zwar Mailands und Kehls, aber mit keiner Sylbe Lothringens gedachte, ungeachtet doch diesem Herzogthum noch vor nicht langer Zeit der Reichsschutz erneuert worden. Die Folge war, daß auch das Reichsgutachten, das sich durchaus nur an das Commissionsdecret hielt, darüber völlig schwieg; obwohl es von der „so mächtigen deutschen Nation" und den „vielen großen und considerablen Reichsständen" sprach und den Entschluß verkündete: „mit tapferem deutschem Muth der feindlichen Gewalt zu begegnen; mithin die Glorie, Ruhe und Freiheit der deutschen Nation fürs Künftige sicher zu stellen."

Dennoch bestand keine Einmüthigkeit; vielmehr legten die drei Kur-fürsten von Köln, Bayern und Pfalz geradezu Protest ein, erklärten sich trotz der untersagten Neutralität für neutral, und forderten: Man solle erst noch eine Vermittelung versuchen, ehe man das Reich in einen „un-gewissen Krieg" stürze, worin die Stände doch „von den kaiserlichen Truppen ohne Zweifel, wie es bisher geschehen, verlassen werden würden." Wiewohl dieser Vorwurf keineswegs unbegründet genannt werden konnte, so waren doch heimliche Einverständnisse mit Frankreich notorisch die eigentlichen Motive der Protestation. Das Motiv der fran-zösischen Kriegslust aber bezeichnete ein russisches Manifest gegen Ende des Jahres sehr richtig durch den Ausspruch: den Franzosen, am Rhein und in Italien, käme es nur darauf an, „unter dem Vorwande der Er-haltung der polnischen Freiheit, ihrer unersättlichen Länder-gier und ihrem Hasse gegen das Haus Oesterreich zu fröhnen."

Der Waffenkampf währte nicht lange. Schon im November wurden Unterhandlungen zwischen Frankreich und den Seemächten, England und Holland, als Vermittlern angeknüpft. Der Friedensentwurf, der aus diesen Conferenzen hervorging, hatte zwei besondere Eigenthümlichkeiten: einmal ließ er den früheren Polenkönig Stanislaus unentschädigt, und andererseits erwähnte auch er wiederum Lothringen mit keiner Sylbe. Aber eben deshalb mußte das Letztere unter den zu restituirenden Län-dern begriffen werden, womit dem französischen Hofe gar nicht gedient sein konnte, während ihm zugleich das Interesse des Schwiegervaters Lud-wigs XV. zu wenig gewahrt erschien. Die Folge war, daß zwar der Kaiser auf diese Grundlagen einzugehen sich geneigt zeigte, das Pariser Cabinet aber erklärte: einem Project nicht beistimmen zu können, das „den Unwillen der französischen Nation errege und Frankreich keinen Vortheil gewähre." Nachdem der Krieg seinen Fortgang genommen, knüpfte das französische Ministerium im Juni des folgenden Jahres ins-geheim directe Unterhandlungen mit dem Kaiser an, indem es für Stanis-laus eine „Entschädigung" beanspruchte. Anfangs zeigte sich der Kaiser spröde; als er aber Ende Juli von den holländischen Generalstaaten, die er um nachdrücklichen Beistand anging, nur wieder den Vorwurf zu hören bekam, daß er sich nicht hätte in die polnischen Angelegenheiten einmischen sollen: da warf er sich, gereizt und übellaunig, der französischen Diplomatie in die Arme und gestand ihr im August eine „Entschädigung" für

Stanislaus zu. Nun erst rückte Frankreich mit seinem längst gefaßten Plane in Betreff Lothringens hervor, wogegen es seinerseits auch die Garantie der sogenannten „pragmatischen Sanction" versprach, welche der Tochter des Kaisers, Maria Theresia, anomalerweise die Thronfolge in den österreichischen Erbstaaten zusicherte. Das war ein Mittel, um den Kaiser „zu Allem zu bewegen". Die Verhandlungen wurden in Wien auf das Geheimste, ohne Vermittelung oder Zutritt irgend einer andern Macht, gepflogen. So kamen am 3. October 1735 die Wiener Friedenspräliminarien zu Stande, die das deutsche Reichsland Lothringen um Nichts und wieder Nichts an Frankreich verschenkten, und zwar unter folgenden Modalitäten.

Das Herzogthum Bar sollte „dem Schwiegervater des allerchristlichsten Königs" sofort abgetreten werden; das Herzogthum Lothringen gleichermaßen, sobald das Großherzogthum Toscana an das Haus Lothringen fallen werde. Denn neben der französischen Garantie der pragmatischen Sanction bildete für den Herzog Franz Stephan, als künftigen Gemahl der Maria Theresia und muthmaßlichen Kaiser, die Ueberlassung Toscana's nach dem Tode des Letzten der Medici ein entsprechendes Aequivalent. So tauschte die künftige lothringisch-österreichische Dynastie nur ein unsicheres deutsches Reichslehen gegen ein größeres, schöneres, einträglicheres und gesicherteres italienisches Reichslehen aus; während überdies der Kaiser selbst, der letzte Habsburger, noch Parma und Piacenza als volles Eigenthum erhielt. Das deutsche Reich aber mußte sich, ungefragt, eines seiner kostbarsten Glieder ohne alle Noth und ohne irgend einen Ersatz amputiren lassen, d. h. es auf immer preis geben. Denn nach dem Tode des Exkönigs von Polen sollten die lothringischen Herzogthümer als Erbtheil seiner Tochter, der französischen Königin, auf ewige Zeiten und mit völliger Souveränetät an die Krone Frankreich fallen; ausdrücklich „verzichtete" der französische Schwiegersohn für sich und seinen polnischen Schwiegervater auf Sitz und Stimme beim Reichstag. Frankreich machte augenfällig das beste Geschäft; es erlangte mit den beiden Herzogthümern Bar und Lothringen einen bleibenden und äußerst werthvollen Gewinn, ohne dagegen auch nur das Geringste zu verlieren; denn es entschädigte seine Gegner, wie seine Freunde, mit Ländern, die ihm nicht gehörten. Auch Sardinien erhielt einen Zuwachs an italienischen Reichslehen, namentlich Novara und Tortona.

Der Kaiser hatte im ersten Artikel der Wiener Präliminarien nicht nur in die „Vereinigung" der Herzogthümer Bar und Lothringen „mit

der Krone Frankreich" als Oberhaupt des Reiches „sogleich eingewilligt",
sondern sich auch ausdrücklich anheischig gemacht, die „Einwilligung
des Reiches beizubringen." Die Bekanntmachung der Präliminarien in
Deutschland mußte zwar nothwendig bei allen Vaterlandsfreunden die
bittersten Stimmungen erwecken. Indessen der Krieg war nun einmal
factisch damit beendigt; und um gar alle Gegenströmungen erst verrau-
schen zu lassen, ließ man über fünf Monate verfließen, ehe man die „Einwilligung des Reiches" nachsuchte. Dies geschah durch ein kaiserliches
Commissionsdecret vom 17. März 1736. Bei der Lectüre desselben muß
noch heute jedem ehrlichen Deutschen die Schamröthe in die Wangen stei-
gen. Als ob die Verhinderung eines so schmachvollen Friedens nicht ein
Segen für Deutschland gewesen wäre, gab sich der Kaiser die Miene,
als dürfe er sich vielmehr darauf etwas zu Gute thun. „Nur von der
Geheimhaltung," hieß es, „habe der Ausschlag abgehangen, da im Gegentheil nichts als Zögerungen oder neue Ungelegenheiten entstanden wären. Wiewohl man Mittel und Wege gefunden hätte, um
durch widrige Unterstellungen und durch Verdrehung der wahren Sachlage
Mißtrauen zu erwecken: so sei doch bekannt, daß der Kaiser zu des Reiches Schutz mehr, als das gemeinsame Band erheische, angewendet und
größere Gewalt sich angethan habe als einer seiner Vorfahren."
Er wollte ferner Deutschland glauben machen, als ob es in den italienischen Besitzungen Oesterreichs mehr Sicherheit finde, wie in dem
Fortbesitz seiner eigenen deutschen Gliedmaßen, d. i. in der Behauptung seiner selbst. „Des Reiches Gerechtsame," hieß es mit Bezug auf die
neue Ordnung der Dinge in Italien, „hätten bei dem neuerdings festgesetzten Systeme keine weitere Gefahr, wie ehedem, zu fürchten; durch
welche Sicherheit dem Reiche ungemein mehr Nutzen zuwachse, als
ihm andererseits durch die wenigen vom Reiche abhängenden und an
Frankreich zu überlassenden Stücke entgehe." Durch die Vertauschung Lothringens gegen Toscana war der Herzog Franz Stephan offenbar auf Kosten Deutschlands reicher ausgestattet worden, als er es zuvor
gewesen; dennoch that das Decret, als ob Jener vielmehr die schwersten
Opfer gebracht habe, um Deutschland zu retten. „Außerdem," hieß
es, „was von Sr. kaiserl. Majestät für die allgemeine Ruhe aufgeopfert
worden, habe zugleich ein empfindlicher Verlust den Herzog von Lothringen getroffen, um das Kriegsungemach von den deutschen Landen
abzuwenden." Endlich, und nachdem das Wiener Cabinet selbst absicht-
lich 5 Monate vertröbelt hatte, wollte es jetzt, um keine Zeit zum Besinnen

zu lassen, die Sache als überaus dringend darstellen. „Die Einwilligung zu den Präliminarien," wurde versichert, „sei um so mehr zu beschleunigen, damit man von den Franzosen die Reichsfestungen zurück erhalte." (Vgl. u. A. Pfister, Gesch. der Teutschen V. 241 ff.)

Dennoch berieth der Reichstag zwei Monate. Allein diese Berathungen und ihr Resultat waren für das patriotische Gefühl fast noch demüthigender als der Inhalt des kaiserlichen Decrets. Man untersuchte nicht etwa die wichtigste aller Fragen: ob denn der Kaiser berechtigt sei, ohne Einwilligung der Kurfürsten, Fürsten und Stände, Länder zu vertauschen oder vom Reiche zu trennen? Niemand erhob mit Entrüstung den Einwand: wie denn ein solcher Vertrag mit der Verheißung Frankreichs sich reime, „keine Eroberungen machen zu wollen?" Niemand kümmerte sich mehr um die „Glorie, Ruhe und Freiheit der mächtigen teutschen Nation", die der Reichstag selbst durch diesen Krieg „sicher zu stellen" gelobt hatte. Man stritt sich vielmehr über nebensächliche und veraltete Fragen, vor allem um die Abschaffung der „Ryswick'schen Clausel", die bei den Protestanten schon ihrer Zeit so böses Blut gemacht, und die ihnen noch jetzt ein Dorn im Auge war. Man ließ sich am Ende aber auch hierüber von Wien und Paris her mit allerlei „Vertröstungen" abfinden, genehmigte die Präliminarien, und ertheilte die Vollmacht zur Abschließung des Definitivfriedens. Es erscheint unbegreiflich, daß der Reichstag nicht ein einziges Wort der Klage oder des Tadels fand; aber noch weit unbegreiflicher, daß er sich nicht schämte, dem Kaiser und dem Herzog von Lothringen den erkenntlichsten Dank des Reiches auszusprechen; dem Einen für seine „Fürsichtigkeit in diesem so nöthigen als nützlichen und heilsamen Friedensgeschäft", dem Andern für seine „aus Friedensliebe gefaßte großmüthige Entsagung." Und während man sich dergestalt für die dem Reich geschlagene tiefe und noch offen klaffende Wunde schmählicherweise bedankte, gab man doch der Besorgniß Raum, daß sie sich noch tiefer fressen könne; statt das Geschehene mit Energie zu verdammen, zeigte man nur eine feige Furcht: es möchte sich Frankreich wegen der Herzogthümer Lothringen und Bar künftig „in Reichshändel einmischen" oder auch „Reunions- und Dependenz- oder andere Vorwände" hervorsuchen.

So war denn das Unerhörte geschehen; das Reich hatte seine Erniedrigung und Verstümmelung mit Dankesworten besiegelt. Nachdem auch von anderen Seiten die Beitrittserklärungen erfolgt waren, wurde endlich im November 1738 der Definitivtractat zu Wien unterzeichnet. Inzwischen war im Juli 1737 durch den Tod des letzten Großherzogs

Toscana an Franz Stephan übergegangen, und zuvor schon durch einen
besondern Vergleich vom Jahre 1736 die sofortige Besitznahme der beiden
Herzogthümer Bar und Lothringen dem König Stanislaus zugestanden
worden. Die Furcht des Reichstages erwies sich übrigens als wohl-
begründet; denn gleich bei der Uebernahme Lothringens machte sich Frankreich kein Gewissen daraus, zugleich damit auch das Fürstenthum Lixin
und die Herrschaft Bitsch in Besitz zu nehmen, ungeachtet diese Länder in
den Abtretungen des deutschen Reiches keineswegs inbegriffen waren.

Stanislaus, der im April 1737 seinen feierlichen Einzug hielt, regierte
die beiden Herzogthümer in der That weiser und milder als seine Vorgänger. Aber diese glückliche Periode fand ein plötzliches Ende, als mit
seinem Tode im Februar 1766 seine Länder dem französischen Staatskörper
einverleibt wurden. Die Einkünfte aus denselben, die 1736 nur 5 bis 6
Millionen Pfd. betragen hatten, wurden sogleich auf 15 Millionen erhöht.
Um so natürlicher war es, wenn die Errichtung der französischen Herrschaft alsbald für viele Bewohner Lothringens die Losung zur Auswande-
rung ward.

Wir sind am Schlusse. Die Geschichte bedarf keines Commentars.

Der deutsche Ursprung der lothringischen Bevölkerung ist eine Thatsache; die deutsche Sitte hat sich vielfach erhalten; die deutsche Sprache,
obgleich vieler Orten von der französischen überwuchert, ist doch keineswegs
ganz verdrängt worden, wie viel Mühe man auch — hier wie im Elsaß —
darauf verwandt hat; in Einem Striche sogar, von den Vogesen bis Metz,
ist sie noch heute dergestalt herrschend, daß derselbe nach wie vor „Deutsch-
Lothringen" (bei den Franzosen „Allemagne") heißt. Daß andererseits
auch die gesammte einheimische Bevölkerung des Elsasses noch heute durch-
weg eine deutsche und deutschredende ist, weiß Jedermann; nur hier und
da ist sie im Laufe der Zeit mit französischen Elementen, in unendlich stär-
kerem Maße, aber durch die Anziehungskraft der Staatsgröße und Staats-
einheit mit französischen Sympathien versetzt worden. Auch die letzten
Lösungen des geschichtlichen Verbandes mit dem deutschen Gesammt-
vaterlande sind erst sehr spät, erst in unserem Jahrhundert erfolgt.

Durch die Wiener Verträge von 1735 und 1738 waren nämlich dem
bisherigen Herzog von Lothringen die Vorrechte eines Souveräns, die
Titel, Wappen und Vorzüge sowie der Rang der Herzogthümer Lothringen
und Bar, jedoch ohne Wirkung in Betracht künftiger Ansprüche, gelassen
worden; ferner die Reichsstandschaft und die Grafschaft Falkenstein; und
überdies gestand ihm das deutsche Reich im Mai 1736 die Ausübung des

Stimmrechtes für Nomeny und Falkenstein zu. Noch bis zum Ende des Jahrhunderts hatten die Großen Sitz und Stimme auf den deutschen Reichs- und Kreistagen. Erst der Friede zu Lüneville im Jahre 1801 schnitt diese letzten Verbindungsfäden Lothringens mit dem deutschen Reiche ab; sowie erst mit der Auflösung des Reiches selbst, im Jahre 1806, das Metropolitanrecht des Erzbischofs von Trier über die drei lothringischen Bisthümer erlosch; und wie auch im Elsaß erst durch die französische Revolution und deren Folgen die letzten Ueberbleibsel reichsständischer Beziehungen verschlungen wurden.

Der Sturz Napoleons führte, wider Frankreichs Erwarten und zum Verdrusse des deutschen Patriotismus, keine Sühne des dreihundertjährigen Unrechts herbei. Deutschland vergalt seine Leiden mit Großmuth, und beutete seine Siege zu Entsagungen aus. Was es in Zeiten des Unglücks preis gegeben, nahm es in den Zeiten des Glückes nicht zurück: die deutschen Provinzen Elsaß, Lothringen und die Bisthümer blieben bei Frankreich. Vielen erschien damals diese Resignation noch schmählicher als es die Preisgebung gewesen war.

Nachwort vom Jahre 1859.*)

Und was war seitdem der Dank? Daß die Politik Frankreichs, statt an dem dreihundertjährigen Raube auf Kosten Deutschlands endlich ein Genüge zu finden, vielmehr in ungezähmter Ländergier nach wie vor auf der Lauer und auf dem Sprunge steht, um — der deutschen Resignation zum Trotz und Hohne — dem alten Phantom der „natürlichen Grenzen" nachzujagen, und des „linken Rheinufers" in seiner ganzen Ausdehnung sich zu bemächtigen.

Was aber haben in neuester Zeit die Lehren der Geschichte gefruchtet? Ungewarnt durch den unheilvollen und kostspieligen Despotismus des ersten Kaiserreiches, hat die französische Nation die Begründung eines zweiten, als Conterfey des ersten, sich gefallen lassen.

Ungewarnt durch den tragischen Ausgang der übermüthigen Kriegsspiele des ersten Napoleon, hat sich der zweite, der sich den dritten nennt, die blutgetränkten Irrpfade des ersten wiederum betreten.

Ungewarnt durch die traurigen Erfahrungen isolirter Kämpfe in der ersten napoleonischen Periode, hat Europa rathlos den gleichartigen Kreislauf einer zweiten sich entspinnen lassen, die — nachdem sie in weiter Spannung erst Rußland in der Krim und dann Oesterreich in Italien gedemüthigt — nunmehr vielleicht ihre Fallstricke um England oder um Deutschland zusammenziehen wird.

Und was werden die Lehren der Geschichte für die Zukunft fruchten?

Wird Deutschland, wenn es erkennen muß, daß es — mittelbar oder unmittelbar — in seiner Integrität fort und fort bedroht ist, dennoch immer und immer wieder der nationalen Einigkeit des Wollens und der

---

*) Wir lassen auch dieses Nachwort unverändert in der Form, die es vor 11 Jahren trug.

dictatorischen Einheit der That ermangeln, ohne die keine Festigkeit in den Dingen und kein Erfolg im Handeln möglich ist?

Und wird Deutschland ferner, wenn es doch am Ende erkennen muß, daß seine Entsagungen nur immer neue und größere Gelüste in den Nachbarn erwecken, sich immer und immer wieder bereit zeigen, auch unter Erfolgen Entsagung zu üben?

Oder wird Deutschland gar, trotzdem daß es erkennen muß, was zu thun und was zu unterlassen ist, über dem Hange zu innerem Haber neuerdings die „Gefahren und Folgen deutscher Zerrissenheit", eine Periode der Schmach heraufbeschwören und aus dem schon genugsam verstümmelten Kranze seiner Provinzen neuerdings die schönsten Perlen ohne Kampf um Sein und Nichtsein sich rauben lassen?

Das sind die Fragen, die die Zukunft an die deutschen Fürsten und Völker stellt. *)

---

*) Diese Fragen, fügen wir jetzt hinzu, sind nunmehr theils glücklich gelöst, theils ihrer Lösung entgegengeführt.

Leipzig, Druck von Giesecke & Devrient.

Inhalt.

www.ingramcontent.com/pod-product-compliance
Lightning Source LLC
Chambersburg PA
CBHW020234090426
42735CB00010B/1694